토럼프처럼 공부하고 나폴레옹처럼 꿈꿔라

트럼프처럼 공부하고

나폴레옹처럼 꿈꿔라

조희전 지음

생각나눔

서 문

◇

현재 지구에서 가장 강한 사람은 누구일까? 나는 그 사람을 트럼프로 본다. 전 세계의 리더 역할을 하는 미국의 대통령이다. 그보다 강한 사람은 없을 것이다. 그에 맞서는 사람이라야 중국의 시진핑 정도로 여겨진다. 트럼프는 힐러리를 꺾고 미국 대통령이 되었다. 사실 힐러리보다 주목받아야 하나, 대중의 부정적인 여론이 강했던 것은 사실이다.

나는 트럼프의 모든 점을 배워 보고 싶었다. 어떻게 승자가 되었으며, 어떻게 미국의 대통령이 되었고, 어떻게 부와 명예를 한 손에 넣게 되었는지를 알고 싶었다. 그리고 그 비법과 방법을 공유하기를 원했다. 트럼프의 승리 비결은 치밀한 공부이다. 이는 그가 부동산 개발에 성공하게 되는 이유이다.

또 한 명의 인물은 나폴레옹이다. 나폴레옹이 태어난 것은 1769년으로 지금으로부터 250여 년 전이다. 그럼에도 영웅으로 지금까지 이름이 전해 내려오고 있다. 하지만 그가 코르시카라는 프랑스의 작은 식민지에서 태어난 인물이었다는 것을 아는 사람은 그렇게 많지 않다. 그가 어떻게 불리한 위치를 극복했는지 살펴보는 것은 흥미로울 것이다. 나폴레옹은 늘 꿈꿨다. 그는 전투하기 전 늘 상상을 하였는데 매번 그가 상상하고 꿈꿨던 대로 승리를 거두었다. 황제에 오르게 된 것도 그가 늘 최고의 자리를 꿈꾸었기 때문이다. 그는 가난한 식민지에서 태어났으나 7살 때부터 황제를 꿈꾸었다.

트럼프와 나폴레옹은 아웃사이더였다. 그것은 그들이 주류로 인정받지 못하고 소외되어 있었다는 것을 의미한다. 그들은 20대까지만 해도 별 볼일 없던 사람이었다. 하지만 그들은 그 상황을 극복하고 최고의 자리에 올랐다. 이는 소외되고 불리한 위치에 있는 현대인에게 많은 도움이 될 것이다.

나는 진부하지만 이 책에서 가장 중요한 가치인 사랑에 대해 말하려고 한다. 모든 성인이 그랬듯이 그들이 강조한 것은 사랑이었다. 돈, 명예, 지위 같은 것이 중요해 보이지만 사랑이 없다면 그것들은 다 의미가 없는 것이다. 우리가 그런 것들을 추구하는 것은 다 사랑을 지키기 위함이다. 트럼프가 공부하고 나폴레옹이 꿈꾸었던 것도 다 자신들의 사랑을 지키기 위함이었다.

글을 쓰기 위해 오랜 시간 트럼프와 나폴레옹 관련 서적을 찾아 정리하던 기억이 난다. 그 작업은 힘들었지만 출간되게 되어 보상받는다고 생각한다. 부디 독자들에게도 유익한 시간이 되었으면 한다.

contents

제2장 트럼프의 성장기

제3장 트럼프의 대권 당선

제4장 트럼프의 생각

제5장 트럼프와 세계의 미래

제6장 트럼프에 대한 비판

제7장 트럼프의 못 다한 이야기

제2부
나폴레옹처럼 꿈꿔라

제1장 나폴레옹의 과거

제2장 나폴레옹의 마음

제3장 나폴레옹을 전하다

제4장 왜 나폴레옹인가?

제5장 나폴레옹의 비상

제6장 나폴레옹의 독서

제1부

트럼프처럼 공부하라

사업을 하는 것은 나에게 있어서 예술 행위를 하는 것과 마찬가지이다. 다른 이들은 캔버스에 아름다운 그림을 그리고 아름다운 시를 쓰지만 나는 사업을 한다. 나는 다른 사람에게 거래하는 것 그 자체가 즐거우며 거래의 규모가 클수록 더 좋다. 이것이 내가 살아가는 방식이다.

제1장

트럼프처럼 공부하라

열정적으로 임하라

　트럼프는 일에 열정적으로 임한다고 한다. 그가 쓴 저서이든, 남이 쓴 저서이든 이 내용은 반복해서 나온다. 그는 타고난 일 중독자인 것 같다. 그는 일에 자신의 열정을 쏟으며 열정 없는 일로는 성공하지 못한다고 단언한다. 실제로 그의 1주일간의 사생활이 담긴 일기를 읽어본 적이 있다. 그는 단 한 시간도 허투루 쓰지 않고 아침부터 자정까지 일한다. 그는 그렇게 열심히 일하면서도 주말에도 가끔 일한다고 한다. 우리나라에도 그런 사람이 있을까? 아마 정주영 씨 정도가 그에 근접한 사람이 아닐까 싶다. 두 사람 모두 엄청난 부를 이루었다는 점에서 일에 대한 열정의 정도가 성공을 좌우한다는 말은 틀린 말은 아닌 것 같다. 정주영 씨는 그의 자서전 『시련은 있어도 실패는 없다』에서 이렇게 말한다. "매일 아침 해가 뜨기를 기다렸다. 한시라도 빨리 일하기를 기다렸던 적이 많다." 그는 전형적인 아침형 인간이며 매일 해가 빨리 뜨기를 바랄 정도로 일하기의 재미에 푹 빠져있었다. 도널드 트럼프 역시 마찬가지였던 것 같다. 그의 책 『억만장자 마인드』에는 이런 도널드 트럼프의 생각이 담겨 있는 글이 있다. "어떤 날은 잠자리에 들면서도 빨리 내일 아침이 와서 일하러 갔으면 좋겠다는 생각을 한 적도 있고, 아침에 눈을 뜨자마자 조금이라도 더 빨리 사무실로 가기 위해 서두르는 날도 많다." 공통점을 알겠는가? 일에 대한 사랑과 열정이 그들을 억만장자로 이끈 것이다. 도널드 트럼프는 말한다. "다양한 분야에서 왕성한 활동을 하는 데 있어 돈은 나에게 동기 요인이 되지 못한다. 나는 돈 때문에 일하지 않는다. 나는 이미 충분히 많은 돈을 가지고 있으며 지금 있는 돈만으로도 앞으로 돈이 부족할 일은 없을 정도이다. 나는 일하는 것 그 자체로 목적을 두고 있다. 사업을 하는 것은 나에게 있어서 예술 행위를 하는 것과 마찬가지이다. 다른 이들은 캔버스에 아름다운 그림을 그리고 아름다운 시를 쓰지만 나는 사업을 한다. 나는 다른 사람에게 거래하는 것 그 자체가 즐거우며 거래의 규모가 클수록 더 좋다. 이것이 내가 살아가는 방식이다.

이런 트럼프의 일 중독자적 측면의 모습은 그의 아버지에게 배운 것이다. 아주 어릴 때부터 트럼프는 아버지를 따라다니면서 부동산 일을 배웠다. 워커 홀릭에 가까운 일에 몰두하는 것은 그의 아버지로부터 받은 유산이다. 그의 아버지는 성공한 부동산 업자였고, 트럼프는 그보다 더 큰 성공을 거두었다. 이는 열정적인 일에 임하는 것이 성공의 큰 요소라는 것을 알려주는 것이다. 지금 일에 몰두하고 있는가? 마지못해 하고 있는가? 딱 월급만큼만 일하고 있는가? 남보다 다른 성취를 원한다면 일에 몰두하자. 트럼프는 일주일에 7일을 일하고 그 일에도 몰두했다. 아니 땐 굴뚝에 연기 나지 않는 법이다. 트럼프처럼 되기를 원한다면 일에 미쳐라.

트럼프는 뜨거운 열정으로 일에 임하라고 한다. 그러면 돈은 자연히 끌려 온다고 말한다. 당신의 일에 미쳐라. 세계적인 연예인, 스포츠 스타, 가수들은 자신의 일에 미쳤다. 성공한 사업가, 회사원, 공직자들은 일에 미쳤다. 이들은 남들보다 열심히 노력했기에 성공을 거두었다. 트럼프 역시 노력이 성공의 절대 요소라고 말한다. 실제 부자가 한 말이니까 믿음이 갈 것이다. 다만 분야를 잘 정해야 할 것이다. 분야마다 벌 수 있는 돈의 한계가 있기 마련이다.

공부하라

트럼프는 일반 학교에 다녔다. 하지만 그는 잘 적응하지 못했다. 심지어는 교사와의 마찰 때문에 학교를 그만두어야 할 지경에 이르기도 했다. 아버지는 그를 군사학교에 보냈고, 거기에서 그는 새로운 생활을 하게 되었다. 그는 군사학교에서 리더십의 기초부터 실제까지를 배웠다. 규율과 명령으로 이루어진 학교에서 그는 잘 적응했고, 수학과 운동 영역에서만큼은 최고의 실력을 보였다. 그는 이후 포댐 대학교 경영학부에 다닌다. 하지만 그 학교에 다니면서도 그는 학문에는 큰 관심을 두지 않았다. 그리고 와튼 스쿨에 부동산 학과가 있다는 사실을 알고 와튼 스쿨에 들어간다. 그는 부자의 자제답게 공부에만 온 신경을 쓰지 않았다. 그의 관심은 부동산이었고 그것도 학문적 영역이 아닌 사업적 성공을 원했다. 하지만 대학에서의 사업의 기초 공부들이 헛되지는 않았을 것이다. 트럼프는 와튼스쿨에서 제대로 기본기를 익혔다. 특이한 것은 트럼프가 배움에 능하다는 것이었다. 일견 고집 세 보이는 성격이기는 하지만, 때때로 타인의 의견에 귀를 기울일 때가 있었다. 이는 그가 대선 승리의 기폭제가 되기도 했다. 이는 뒤의 선거 편에서 자세히 다루기로 한다. 그렇다면 부동산으로서 성공은 어디에서 온 것일까? 그는 대학 시절부터 부동산에 관심이 많아 그에 관한 공부를 개인적으로 했다고 한다. 그의 공부는 철저히 이루어졌다. 그는 부동산에 대해 알 수 있는 모든 것을 알고자 했다. 그의 성공의 비결에는 공부가 있었던 것이다. 그는 운 좋게 부동산 대박을 터뜨린 것은 아니다. 홈런을 노리는 타자처럼 철저히 기회를 노렸고 그 기회를 잡아 크게 성공한 것일 뿐이다.

부동산에 대해 배우는 것은 사실 그의 어린 시절부터 이루어진 것이다. 대학 시절에도 다른 사람들은 놀러 다니기 바쁠 때 그는 홀로 부동산에 관련된 공부를 하고 있었다. 그는 이미 대학 시절에 부동산 전문가였고, 그의 성공은 어쩌면 당연한 일이었다.

재능이 아닌 노력의 대가

트럼프는 어렸을 때 폭력적이고 말을 듣지 않는 고집불통의 아이였다고 한다. 이런 아이가 어떻게 부동산 재벌이 되며 미국 대통령의 자리에까지 올라갈 수 있었을까? 나는 이것을 교육을 통한 변화와 트럼프 자신의 자기계발에서 찾는다. 트럼프는 군사 학교에 가서 리더십을 익혔다. 그리고 스스로 공부를 통해 부동산업에서 큰 재산을 쌓는다. 물론 트럼프는 11억가량의 재산을 상속받아 사업에 이용했다. 하지만 그 정도의 돈이라면 대출받을 수도 있었고, 그것만 제외한다면 자수성가한 것이라고 보아도 무방하다. 세계에는 그보다 더 많은 재산을 상속받지만 그대로 탕진하는 사람들도 많다. 그들과 비교하자면 트럼프는 보기 드문 투자가이다.

그는 자신의 약점이 될 수 있는 좋지 못한 성품을 다지고 일로서 자신의 욕망을 풀었다. 트럼프에게 일이 없었더라면 방종한 채로 삶을 마감했을지도 모른다. 하지만 트럼프의 장애가 되는 성격적 문제들은 그의 기업을 경영하는 데 온전히 활용되었고, 그는 약점을 극복하고 부동산 재벌 그리고 현재의 미국 대통령으로까지 자신의 지위를 상승시킬 수 있었다.

그는 어릴 때부터 꾸준히 그리고 치열하게 노력해온 사람이다. 그것은 아마 아버지로부터의 인정을 받기 위함일 것이다. 야구선수 이치로가 아버지를 신으로 여기고 야구에만 전념한 것처럼 트럼프에게 아버지란 존재는 (적어도 어린 시절만큼은) 신의 지위를 가진 것과 같았을 것이다.

그리고 아버지의 마음에 들기 위해 노력했다. 트럼프는 위로는 큰 형이라는 경쟁 상대도 있어서 자신이 아버지의 후계자가 되겠다고 나설 수도 없었다. 그로서는 공부를 더 하면서 준비를 할 수밖에 없었을 것이다. 성격적으로 사업가 기질이 아니었던 형이 죽고 나서 트럼프는 아버지의 뒤를 잇게 되었고, 이는 곧 그의 성공을 의미했다.

승리의 비결은 독서이다

트럼프 대통령은 5시에 일어나 책을 본다고 한다. 그가 주로 읽는 책은 플라톤의 저서들이다.

나는 이 사실을 알았을 때 세 가지에 놀랐다. 새벽에 일어난다는 것, 그리고 책을 본다는 것, 그리고 플라톤의 저서를 읽는다는 점이었다. 세 가지 모두 쉽지 않은 일이다. 세 개의 산을 넘는 것과 같은데 트럼프는 매일 새벽에 이를 해낸다는 점이다.

부끄럽지만, 저자 역시 새벽 기상과 독서를 하려고 했지만 쉽지 않았다. 그리고 아침부터 어려운 철학 서적으로 독서를 하는 것 역시 쉽지 않았다. 작가인 나조차 힘들었건만 트럼프는 전문 작가가 아님에도 불구하고 독서에 열중하는 모습을 보였던 것이다.

사실 트럼프가 플라톤의 저서를 읽는다는 사실을 알고 나서 내가 더욱 열심히 플라톤의 서적들을 읽었던 것은 사실이다. 그렇다고 내가 트럼프처럼 되었다는 것은 아니다. 하지만 그 시간들은 낭비가 아니었다. 난 더 생각했으며 더 높게 꿈꾸었으며 더 넓은 세상으로 나가고 싶었다.

트럼프는 그 이후 10여 종의 신문과 잡지를 읽는다고 한다. 시대의 흐름을 읽고 경기를 분석하기 위함일 것이다. 이는 또한 그의 성공적인 투자에도 기여했다.

또한, 트럼프는 밤을 이용해서도 독서를 한다. 밤 10시부터 새벽 1시까지 독서에 열중하는데, 그가 추천하는 최고의 책은 칼 융의『무의식의 분석』이라고 한다. 그는 실제로 융을 가장 좋아하고 존경한다고 말한다.

칼 융은 실제로 이 책을 통해 인간은 누구나 무의식과 의식이 통합된 균형적인 자아를 견지하는 노력이 필요하다고 말했다.

그는 융의 심리학을 알고 있었기에 사람의 심리를 잘 알 수 있었고, 이는 거래와 대선에서의 승리를 가져오게 된다.

트럼프가 매일 몇 시간씩 독서에 투자하는 것은 현재의 흐름을 따라잡고 동시에 역사의 큰 사건으로부터 배움을 얻고자 함이다.

성공을 쏘다

트럼프는 뉴욕의 부동산 개발업자로 발을 내디뎌 연이어 사업을 성공시키면서 성공의 길을 걷는다. 그는 벽돌 대신 유리와 대리석을 사용했으며, 그의 건물을 하나의 예술 작품으로 만들었다. 그는 특히 거래에 능했는데, 이는 '거래의 기술'이라는 자서전을 내게 되는 한 계기가 되었다. 그는 '거래의 기술' 외에도 자신의 성공 경험을 담은 여러 책을 저술하면서 사람들의 시선을 끌게 된다. 사실 트럼프는 명예욕이 강한 사람이다. 그래서 어떻게든 사람들의 주목과 시선을 끄는 것을 좋아했다. 이는 어머니의 성격에서 온 유전적 성향을 반영하기도 한다. 그는 턱을 당기고 당당히 걷는 걸 좋아했고, 남이 자신을 알아보는 것에 뿌듯함을 느꼈다. 그의 명성은 어프렌티스라는 한 티브이 프로그램을 통해서 날개를 달게 되는데, 3,000만 명의 시청자가 그가 나온 티브이 프로그램을 봄으로써 그의 유명세에 날개를 달아주었다. 그는 계속해서 명성과 부를 추구했으며, 과거 백악관에서 쓴잔을 마시고 난 후로는 백악관에 들어갈 생각을 미리 하고 있었던 것 같다.

트럼프를 브랜드화하다

트럼프가 했던 것 중 잘했던 것은 트럼프라는 이름을 브랜드화한 것이다. 제품이나 공장 같은 것보다 중요한 것이 브랜드이다. 코카콜라의 브랜드는 그의 제조 공장이나, 다른 시설, 회사보다도 더 가치가 있다. 트럼프는 트럼프라는 브랜드를 만들었다. 그것은 최고, 열정, 고급, 완벽을 상징하는 가치가 있었다. 그는 스스로 자신의 이름을 최고라는 브랜드화한 것이다. 일단 브랜드를 만들면 이제 브랜드가 스스로 마케팅을 하기 시작한다. 그 어떤 광고보다도 효과가 있는 것이다.

스타벅스 커피 역시 스타벅스를 브랜드화한 것이다. 누구나 스타벅스 하면 세련되고 활기 넘치는 만남의 장소라고 여기곤 한다. 이런 브랜드는 실제의 시설이나 커피의 원두보다도 더 중요한 것이다.

트럼프라는 브랜드는 고급 상품이라는 이미지로 자리 잡았고, 그가 만든 건물에 많은 부유층이 입주하게 되는 현상을 낳게 했다. 또한, 그의 상품은 스포츠 스타나 연예인이 사서 쓰기 시작하면서 인기를 끌었다.

천재적인 대인 관계 능력

트럼프는 천재다. 그가 학업에 능하다거나 언어, 논리, 수학 지능이 우수하다는 것은 아니다. 그는 천재적인 대인 관계 지능을 가지고 있다. 그 지능 덕분에 유명해졌고 성공과 승리를 할 수 있었다. 그는 한마디로 다른 사람의 마음을 잘 읽고 헤아릴 줄 안다. 그렇기에 미국인들의 좌절과 분노를 대변해주는 역할을 맡을 수 있었다. 많은 미국인이 그에게 반하는 이유는 그가 자신의 욕망을 대변해주고 있기 때문이다. 트럼프는 아주 쉬운 언어로 이를 말하고 사람들은 이에 빠져들었다.

트럼프는 사업가이다. 거래를 안다는 것이다. 그의 거래는 하나의 예술의 경지에 이른다. 이런 거래를 해보았기에 트럼프는 협상의 대가이다.

트럼프가 대단한 점은 불타는 싸움판을 두려워하지 않았다는 점이다. 대통령경선이나 그 이전 공화당 경선은 한판의 싸움판이었다. 비방과 비난, 공격이 난무하는 정치판에 정치 경력이라곤 하나도 없는 트럼프가 끼어들어 그 싸움판에서 모든 상대를 꺾어 버린 것이다. 천재적인 재능이 아닐 수 없다.

아마도 트럼프는 대권에 나갈 것을 30여 년간 고민해 왔기에 그동안 경선의 대상이 될만한 인물들을 주의 깊게 살피고 연구해 왔을 가능성이 크다. 그래서 그는 기존의 정치인들을 하나하나 격파하고 대권을 차지했다.

트럼프는 즐긴다

사람이라면 누구나 고통에서 벗어날 수 없다. 루소의 책을 읽은 적이 있다. 대철학자라고 볼 수 있는 루소이지만, 그의 삶 역시 수많은 불행과 고통을 이겨내었다는 사실을 알고 크게 위로받은 적 있다. 그런데 트럼프에 관한 책을 읽으면서는 그의 고통에 대해서는 잘 찾아볼 수 없었다. 그렇다면 트럼프는 괴롭지 않은 걸까? 이에 대해 두 가지를 생각해볼 수 있다. 트럼프는 고통을 숨겼거나 아니면 그조차도 즐긴다는 것이다. 트럼프는 일주일에 일주일을 일하면서 그 일을 즐긴다고 한다. 그렇기에 고통스러울 수도 있는 일이지만 즐거운 활동으로 바꾸어 버리는 것이다. 물론 트럼프에게도 스트레스의 해소 방법은 있다. 그것은 골프를 하러 나가거나 사무실에서 골프채를 휘두르는 행동을 하는 것이다.

누구에게나 각자가 스트레스를 푸는 방식이 필요하다. 누군가에겐 게임이, 누군가에겐 음식이 누군가에겐 운동이 스트레스를 조절하는 데 도움을 줄 것이다. 자신만의 스트레스 해소법을 하나 가지고 있는 것이 성공하는 데 도움이 많이 될 것이다.

뛰어난 인내심

트럼프의 장점은 인내심이 강하다는 것이다. 이는 트럼프의 동업자 빌 쟁커가 한 말이기도 하다. 그는 NO라는 말에 멈추지 않는다. 계속해서 자신이 해야 할 것을 하면서 기다린다. 그가 거래의 천재인 것은 그가 인내의 천재이기도 하다. 동양에 이런 인내심의 고수가 있으니 그가 바로 도쿠가와 이에야스이다. 도쿠가와 이에야스는 "삶은 무거운 짐을 지고 가는 것이다. 인내는 무사장구의 근본이다."라고 말했다. 트럼프의 작전과 동일한 것이다.

트럼프는 땅을 사놓고 30년간 기다린 적도 있다. 익은 감이 입에 떨어지듯이 그는 기회를 엿보면서 묵묵히 기다렸다. 결국, 기회가 왔고 큰 수익으로 이어졌다. 투자하는 사람 중에는 단기 투자에만 집중하는 경우가 있지만, 큰 수익을 내려면 장기 투자를 염두에 두어야 한다. 긴 시간을 두고 장기적인 관점에서 바라보았을 때 우리는 실패를 줄이고 성공으로 나아갈 수 있다.

워런 버핏 역시 장기 투자에 능하다. 그의 투자 비법은 우량주에 장기 투자하는 방식이다. 그는 10년 이상 갖고 있지 않을 주식이라면 사지 않는다고 했다. 우리나라와는 약간 다르긴 하지만, 투자의 고수 말이니 주식투자를 하는 사람이라면 염두에 두어야 할 것이다.

트럼프에 대한 저서를 읽으면 읽을수록 거듭 느끼는 것은 그가 인내심의 대가라는 것이다. 그는 무려 4번의 파산 역경을 이겨내었다. 그의 인내심이 아니었다면 기권을 던지고 게임을 포기했을 것이다. 하지만 그는 이겨내었고, 그 이전보다 또 그 이전보다 더 큰 부자가 되었다.

크게 생각하라

트럼프의 저서를 읽다 보면 그가 크게 생각하라라고 말하는 부분을 자주 보게 된다. 당신은 부자니까. '당신은 성공했으니까 그런 말을 하겠지.' 이런 식으로 반응하지 말라. 우리나라는 조금 사정이 다르기는 하지만 세계 억만장자의 다수는 빈곤층에서부터 시작했다는 것을 알고 있는가? 트럼프 역시 아버지로부터 받은 작은 자금 말고는 자신의 힘으로 부동산 산업을 시작했다. 아버지로부터 물려받지 않더라도 은행에서 빌리는 돈으로 충분히 시작할 수 있었다. 물론 트럼프에게는 아버지라는 좋은 부동산 개발업자라는 멘토가 있었다.

도널드 트럼프가 말하는 크게 생각하기란 바로 꿈꾼다는 것이 아닐까? 도널드 트럼프의 성공에 관한 책은 그가 대통령 선거에 나가기 십여 년 전에 쓰여있었고 나는 그때부터 도널드 트럼프를 주목하기 시작했다. 그가 단지 명청한 부유층이 아니란 것을 확신했고, 그가 대단한 존재라는 것을 그때 알았다.

사실 도널드 트럼프는 10여 년 전부터 대선에 나가기를 마음먹고 있었다. 상황과 여건이 맞는지를 재고 있었던 셈이다. 그의 책은 그가 대선에 나갈 것은 은연중에 내포하고 있었다. 그는 나가면 당선이 될 거라고 확신했고, 그럼에도 그는 정치에 관심이 없어 나가지 않는다는 말을 하고 있었다. 2016년, 때는 무르익었고 그는 대권에 도전했디. 그리고 놀랍게도 공화당 16명의 후보를 제치고 1위로 올라섰다. 이 기세를 몰아 그는 정말로 대통령이 되었다. 정치 경력 전무의 트럼프가 처음 공직으로 나선 것이다. 그 자리는 대통령이다.

화려한 생활

그는 두 번의 이혼 경력이 있다. 그는 부를 더 많이 쌓을수록 더 어린 여자와 결혼하며 염문을 뿌렸다. 그는 자신이 지은 1,000여 평에 가까운 건물에 산다. 이 사실을 알고 나서 사실 욕이 나왔다. 그것은 특권층과 부유층에 대한 부러움에서 나온 것이었다. 하지만 그것은 좋지 못한 행동이라는 것을 알기에 나는 도널드 트럼프처럼 부유하게 살기로 결심했다. 세상을 가진 자와 가지지 못한 자, 부유한 자와 가난한 자, 권력층과 비권력층으로 나누는 것은 옳지 못하다. 하지만 사람이 죽어서 어디로 갈지는 모르지만 일단 지구 위에서 현재를 살아가는 것은 안타깝게도 세속이 재고 있는 그 판단 속에서 살아간다. 그런 면에서 트럼프는 현실에서 승리한 대표적인 사람이다. 그에게 정신적 가치까지 바라는 것은 무리일지도 모른다. 여기서 나는 테레사처럼 타인에게 헌신적인 삶을 사느냐, 트럼프처럼 세속에서 승리하느냐는 식의 이분법을 사용하지 않겠다. 인간에게는 모두 양면성을 가지고 있기 때문이다. 단지 트럼프가 부유하다고 해서 우리와는 다르다는 인식은 버리도록 하자. 그 역시 사람이기에 보통 일반사람이 겪어야 할 모든 일을 겪었다.

트럼프는 끼가 있다

트럼프를 보면 강호동이 생각난다. 뜬금없다고 느낄 것이다. 하지만 두 사람 모두 끼가 있다. 강호동은 천하장사 시절부터 끼가 있었다. 그 끼로 사회자로도 성공한 것이다. 도널드 트럼프도 사람의 주목을 받는 끼가 있다. 이것은 만든 것도 아니며 배운 것도 아니다. 그것은 타고난 것이다. 그는 사람의 주목을 좋아하고 관심을 끄는 법을 알고 있으며 사람들에게 주목받는 것을 좋아한다. 그래서 여러 잡지를 읽고 자신이 나오고 자신이 부자라는 기사가 뜨면 더 방방 뜬다. 이것은 어찌 보면 어린애 같은 그의 모습이다. 하지만 그는 자신의 어린이 같은 모습을 숨기지 않고 오히려 그 사실을 자랑하곤 한다. 그런 면에서 어떤 사람은 그를 또라이라고 부리기도 한다.

트럼프에게는 끼가 있었다. 그래서 연예인과 같은 기질을 지니고 있었던 것이다. 이는 '나 홀로 집에'의 출연과 레슬링 경기에 출전, 대 성공을 거둔 어프렌티스의 진행자로 이어졌다.

절대 포기하지 말라

트럼프의 장점을 찾아보자면 그는 절대로 포기를 모르는 사람이다. 그는 30년을 기다려서 한 사업도 있다. 트럼프 플레이스의 경우 2008년에 완공되었지만, 트럼프가 그 사업부지를 매입한 것은 1974년도의 일이다. 이 사업은 30년 동안 매달렸던 사업으로 중간에 포기하지 않고 인내심으로 버틴 것이다. 그의 성공은 그의 불굴의 인내심과 추진력 때문인 것 같다. 그는 NO라는 말에 그만두지 않고 계속해서 방법을 찾았다. 그는 사업거래를 예술의 수준에까지 올렸고, 그는 포기하지 않고 사업을 계속 성공시켰다. 그의 재산은 현재 11조 원에 이른다고 한다. 어마어마한 재산이 아닐 수 없다. 하지만 그 재산이 쉽게 그의 손에 들어간 것이 아니다. 전력을 다해 추진력 있게 오직 일에만 몰입하였기에 그의 뒤에 저도 모르게 쌓인 재산이다. 트럼프의 재산만 부러워 하지 말고 트럼프에게 배울 점이 무엇인가를 찾아서 실천하는 사람이 되자. 그러면 트럼프처럼 부자가 될 수 있을지 모르니까 말이다.

사색하라

그는 새벽에 일어나 플라톤의 서적을 읽는다. 철학 서적이라는 게 생각하는 법을 가르쳐 주는 책이다. 철학책을 읽으면 생각의 빅뱅이 일어난다. 철학 하면 사고의 폭이 넓어진다. 트럼프는 새벽 독서로 자신의 사고를 깨우는 것이다. 새벽에 일어나는 것이 좋다는 것은 누구나 아는 사실이다. 게다가 거기에 독서를 더하다면 그의 하루는 누구보다도 밝다는 것을 알 수 있다. 거기에 그는 여러 신문을 읽고 잡지까지 읽는다. 그러면 현재의 현실적인 정보들이 머릿속에서 혼합되면서 그 어떤 직감이나 영감 같은 것을 주게 된다. 그는 자료를 최대한 모으고, 그 자료를 읽고, 그리고 그것이 발현되기를 기다려 사색하는 시간을 갖는 것이다.

그는 사색시간에 주로 꿈을 꾸는 것 같다. 그것은 일반적인 꿈이 아니라 매우 큰 꿈이다. 그가 그렇게 엄청난 돈을 모으게 된 것은 그의 꿈이 그만큼 컸던 셈이다. 재정적인 부분에서 더 이상 이룰 수 없을 만큼 부자가 되자 트럼프는 권력에 대한 욕망이 생겼던 것 같다. 물론 그는 자신이 대통령이 된 것은 불구가 된 미국을 구해내기 위함이라고 말하지만, 그의 권력욕이 더 중심이 되었음을 부정할 수는 없다. 그는 그때부터 대통령이 되겠다는 큰 꿈을 품고 틈틈이 기회를 엿보았다. 하지만 그는 그때마다 준비의 부족을 느꼈고 결국 대선에 나서지 않았다. 하지만 이번 2016년도는 달랐다. 그는 단단히 무장하고 돌파해나갔고 결국 대통령이 되었다.

때론 광대 역할도 할 줄 알아야 한다

트럼프가 엔터테이너 기질을 가지고 있다는 것은 앞서 말한 바 있다. 그의 연예인 기질은 그의 대선에 큰 힘을 실어 주었다 사실 그는 엔터테

이너 기질이 있었기에 방송을 타고 유명해 질 수 있었다.

자신이 희화화하는 것조차 즐길 줄 알아야 유명인이라고 할 수 있다. 유명세라는 게 괜히 있는 게 아니다. 그것을 감당할 줄 모르는 사람은 유명인이 될 수 없다. 이 점에서 트럼프는 상당히 강한 마인드를 가졌다. 언론이 자신을 몰아세워도 꿋꿋하게 언론과 맞서 싸우면서 유머러스하게 이를 넘기려 했던 것이다. 흔히 생각하는 근엄하거나 온화한 정치인의 이미지와는 너무도 달랐기에 트럼프는 주목받았고, 그 주목을 받아 선거에 임할 수 있었다. 사실 트럼프의 대선 출마는 갑작스럽게 나온 것이 아니다. 그는 1987년 거래의 기술을 쓸 때부터 대선 의지를 은유적으로 표시했으며, 그렇다면 2016년 선거에 이르기까지 30여 년간을 준비해 온 것이다. 그래서 그는 자기의 대권 정책을 표방한 『불구가 된 미국』을 짧은 시간 안에 집필하여 내놓을 수 있었다. 그는 대통령이 되기 위해 수십 년을 참으면서 기다린 셈이다. 사실 그는 『억만장자 마인드』를 쓸 때만 해도 대권에 강한 의지는 없었다. 그도 그렇듯이 사업을 하는 편이 훨씬 재미있었기 때문이다. 하지만 무슨 일이 있었는지 그는 대권에 의지를 밝혔고 그가 당선되면서 미국은 새역사를 창조하게 되었다. 필자는 개인적으로 오바마를 좋아하고 오바마에 관한 책도 쓴 적이 있다. 트럼프와 오바마는 극과 극의 인물이다. 상극적인 인물인 셈이다. 하지만 나는 두 사람 모두 역할 모델이 될 수 있다고 생각한다. 오바마는 정말 훌륭하고 좋은 인물이다. 하지만 트럼프는 그냥 또라이는 아니다. 분명 트럼프의 삶을 통해서도 배울 점이 있다.

필자는 자기계발서를 많이 쓴 작가이다. 오바마나 트럼프의 삶과 비교하면 나 자신의 삶이 부끄러운 수준이다. 적어도 오바마나 트럼프와 같은 노력을 하고 나서 책을 써야 할 텐데, 말로만 떠드는 것 같기 때문이다. 실제로 자기계발은 실천의 문제이며 작가 자신이 자기 계발하지 않는다면 그 책은 유명무실한 책이 되고 말 것이기 때문이다. 하지만 필자는 유명인의 자기계발서를 내면서 그 과정에서 많은 것을 배웠다. 나는 늘 모자랐지만 그래도 책을 쓰고 출판하려고 노력했다. 작가로서 끊임없이 책을 읽고 생각했으며 그것을 기록했다. 트럼프도 10권의 책을 낸 것으로 알려졌지만, 필자는 권수 측면에서는 그보다 더 많은 책을 내었다. 적어도 작가로서의 노력만큼은 나 역시 오바마나 트럼프에 뒤지지 않는다는 것이다.

트럼프가 그 위치에서 자신의 역할을 잘할지는 의문이다. 트럼프 정권은 이제 4년 차가 되어가고 있고 그 성공과 실패에 관한 것은 재선에서의 투표로 명확하게 나타날 것이다.

꿈을 키워 나가라

어릴 때 트럼프의 꿈은 무엇이었을까? 그것은 성공한 부동산 개발업자가 되는 것이었다. 그는 그 꿈을 위해 30여 년 이상을 노력해 왔다. 그리고 성공을 거둔 뒤 더 큰 성공을 꿈꾸었고, 자신의 꿈이 달성되자 이번에는 정치를 하겠다고 나선다. 우리나라의 정주영 회장이 그랬었다. 하지만 실패한 정주영 회장과는 달리 트럼프는 정치적 영역에서도 최고의 자리에 오르는 데 성공한다.

조작이라고도 불리는 선거에서의 의외의 승리와 더불어 최고의 자리에 올라선 트럼프, 그의 다음 꿈은 무엇일까? 미국을 최고의 자리에 올리고 영웅 대접받는 것, 그것은 부동산 개발업자로서도 늘 꿈꿔오던 것이 아니었을까? 인간의 뇌라는 것은 끊임없이 더 큰 것을 꿈꾸게 만드는가 보다. 트럼프는 작은 기쁨과 작은 쾌감에 이미 뇌가 타버린 상태이다. 더 큰 것을 꿈꾸고 더 큰 성공, 더 큰 환희를 바라고 있는 것 같다. 트럼프의 뇌는 아마도 더 큰 쾌락을 위해 노력할 것이다. 더 강한 미국이 되면서 세계의 경기도 함께 좋아지는 그런 선순환이 이루어졌으면 좋겠다.

직감을 믿어라- 어프렌티스의 성공

트럼프는 어느 날 리얼리티 프로그램을 찍자는 이야기를 마크 버넷에게 듣는다. 트럼프는 그 자리에서 그것을 승인한다. 많은 사람들, 그의 주위 사람들은 그것을 부정적으로 생각했다. 괜히 이미지만 실추될 가능성이 크다는 것이었다. 하지만 트럼프는 직감적으로 그것이 좋다는 생각을 했고 그것을 밀어붙인다. 그가 그렇게 생각했기에 그는 그 쇼를 성공시키기 위해서 최선을 다했을 것이다. 결과적으로 그의 판단은 옳았고 그 쇼프로그램은 시청률 1위에 오르는 등 대박을 터뜨리며 무려 시즌 14까지 이어졌다. 그 프로그램은 트럼프가 대권에 나가기를 결심하면서 트럼프는 더 이상 안 나오게 되었다.

포기란 없다- 트럼프의 제언

어쩌면 처칠과 트럼프는 똑같다. 두 사람 모두 포기란 없다는 정신을 가지고 있다. 아마도 트럼프는 처칠의 이야기를 읽으면서 이 정신을 배운 것 같다. 하지만 수많은 사람이 처칠의 전기를 읽었어도 자신의 삶을 변화시키지 못했던 것과는 달리, 트럼프는 그 정신으로 자신의 삶을 성공의 자리에 올려놓았다. 트럼프는 다음과 같이 말한다.

"일에 대한 열정으로 당신에게 닥쳐오는 모든 어려움을 돌파하라. 바람이 불어도, 물이 새어 나와도, 누군가가 사임해도, 스캔들이 터져도 당신은 이겨낼 수 있다. 이러한 어려움을 극복하기 위한 보험이 있다. 공짜 보험 말이다. 그것은 바로 포기란 없다라는 보험이다."

트럼프의 제언 2- 성공을 꿈꾸는 자에게

트럼프는 성공을 꿈꾸는 자에게 다음과 같이 말한다.

"사전 준비를 하라. 당신이 원하는 바에 대해 가능한 모든 것을 배우고, 당신에게 반하는 것을 파악하며, 당신이 시도하는 것의 모든 측면을 조사하고 연구하라. 가능한 한 많은 전문가를 만나보아라. 모든 것을 운에 맡겨서는 안 된다. 이미 어려움은 충분히 존재할 것이다. 그러니 태만한 자세로 상황을 더욱 어렵게 만들지 말라."

이는 부동산 사업에 적확하게 어울리는 조언이겠다. 하지만 다른 분야에도 적용할 수 있는 말이다. 그의 성공은 우연이 아니었으며, 모든 이의 성공 역시 마찬가지이다. 우연히 성공할 수 있지만, 영원히 그 자라에 머무를 수는 없다. 운이 예측할 수 없기 때문이다.

아버지의 4단계 성공 공식

트럼프의 아버지는 트럼프에게 4단계 성공 공식을 알려 주었다. 그것은 "발을 들여놓으라, 일을 처리하라, 일을 적절히 처리하라, 발을 빼라." 이다.

그렇다면 이 성공 공식을 하나씩 살펴보자.

1단계, 발을 들여놓아라.
시작하란 말이다. 목표를 기록하라. 당신이 기록해야 할 목표는 일일 목표, 연간 목표, 일생의 목표이다. 목표를 보며 초점을 유지하라.

2단계, 일을 처리하라.

장애물을 예상하라. 문제를 예상하고 그 일을 처리하라.

3단계, 일을 적절하게 처리하라.

트럼프는 최고의 이미지를 가졌다. 그런 사람들의 마음을 충족시킬 수 있어야 한다. 그것이 바로 적절하게 처리한다는 것이다.

4단계, 발을 빼라.

한 가지 일이 끝나면 다음으로 나아갈 수 있어야 한다.
바로 새로운 프로젝트를 찾아라.

트럼프의 아버지는 트럼프에게 항상 "네가 하는 일에 대해 가능한 한 모든 것을 알아야 한다."라고 말씀하셨다. 이것이 바로 트럼프가 따른 조언이다.

그의 성공은 인내심으로부터 온다

그의 성공이 운이 좋았거나 부자 아빠를 만나서 그런 거 같은가? 일부 그런 면은 있다. 하지만 그의 성공은 그의 인내심으로부터 온 것이다.

그는 뉴욕의 명소가 된 트럼프 타워를 개발할 당시의 상황을 이렇게 말한다.

"첫날부터 쉽지 않았다. 가장 먼저, 매입하고자 하는 토지의 관리자로부터 반응을 유도해내는 데만도 거의 3년이 걸렸다. 수없이 전화하고 편지를 쓰면서 끈기에 대해서도 많은 것을 배웠지만, 무엇보다도 어떤 일에 열정을 갖고 있으면 주위의 격려 전혀 없어도 좌절하지 않는다는 사실을 배웠다."

트럼프와 비교하기에는 부끄럽지만, 나 역시 작가로서 많은 어려움을 겪었다. 가장 큰 어려움은 출판 거절이었다. 내게는 수백 군데의 출판사 이메일이 있어 원고를 보내는데 수없는 거절을 당했다. 하지만 누군가가 내게 희망을 주지 않았고, 격려도 없었지만, 나는 베스트셀러 작가가 되겠다는 꿈이 있었기에, 기존의 작품을 고치고, 다시 보내고, 새로운 작품을 쓰는 등의 행동을 계속했다. 시간이 중요한 것은 아니었다. 20년이 걸리든, 30년이 걸리든 계속해 보기로 마음먹었다. 눈이 내리다 보면 어느 순간, 눈이 쌓인 나뭇가지가 부러지듯이 내 삶에도 변곡점이 나타나리라고 믿었다. 트럼프를 보면서 나는 더욱 확신하게 되었다. 모든 성공한 사람은 세상과 반대의 길을 걸었다. 또한 자신을 믿고 언젠가는 크게 성공하리라 마음먹었다. 누구도 20대 초반의 트럼프를 보고 성공자로 예상하지 못했지만, 트럼프는 이미 큰 성공자였다.

깐깐해져라

직장에 있으면 '왜 이렇게 상급자들은 깐깐한지?'라고 생각될 때가 많다. 상급자일수록 깐깐해지는 경향이 있는 것 같다. 한 기업의 리더인 도널드 트럼프 역시 이에서 벗어날 수 없다. 그가 크게 생각한다고 해서 꿈만 크게 꾸면 된다는 말은 아니다. 트럼프는 꿈은 크게 꾸지만 현실을 벗어나지 않는다. 그는 많은 시간을 들여 평가하고, 또 평가하고, 분석과 꼼꼼한 검토까지 수행한다. 일이 성공하게 하기 위해서 그런 수고를 하는 것이다.

성공의 대명사가 되다

도널드 트럼프라는 이름은 성공의 대명사가 되었다. 트럼프라는 브랜드는 부유하고 최고급의 제품을 뜻하는 물품의 대명사가 되었다. 그 비결은 무엇이었을까? 나는 공부라고 본다. 트럼프는 매일 아침 일어나 여러 가지 신문과 잡지를 살펴본다. 이 정도는 누구나 할 수 있는 일이 아닌가. 하지만 실제로 실천하고 있는 사람이 몇 명인지 살펴보아라. 아침에 신문은커녕 인터넷 기사 한두 개를 보면서 헐레벌떡 출근하고 있는 사람이 대부분이다.

트럼프의 관점은 세계적이다. 그는 국제 정세를 읽고 있다. 그렇기에 자신 있게 대통령 선거에도 나간 것이다.

배움에 몰두하라

공자는 말했다. "배우고 때때로 익히면 또한 즐겁지 아니한가." 트럼프가 이 말을 알고 있는지는 모르지만, 그는 배움에 충실한 사람이다. 늘 배우려는 자세를 지니고 자신이 이해가 안 되는 것에 대해서는 질문 폭탄을 퍼붓는다. 그는 이해가 될 때까지 배우려는 자세를 지니고 있다. 이런 배움의 자세는 그의 성공에 큰 영향을 미쳤음이 분명하다.

이런 배움의 자세는 그가 골프장을 만드는 데도 영향을 미쳤다. 그는 골프장 건설은 처음이었다. 그래서 세세한 모든 사항에 대해 꼼꼼히 물어보았다. 그가 단지 몽상가가 아닌 것은 이런 작은 세세한 부분까지 모두 점검을 한다는 것이다. 이는 그가 몽상가라기보다는 꼼꼼한 현실주의라는 것을 보여준다. 그는 꿈을 꾸지만, 망상을 하지는 않는다. 철저히 계산하고 현실에 맞게 일을 진행한다. 이는 그가 단지 긍정주의자는 아니라는 말이다. 그는 오히려 부정주의자이다. 일어날 최악의 사태를 늘 가정한다. 그리고 이에 대비한다. 이런 비관적인 자세가 오히려 빈틈없이 성공에 이르게 한 것이다.

"뭔가를 배우는 가장 좋은 방법은 자기 분야에 있어 성공과 실패의 역사를 연구하는 것이다."라는 말이 있다. 다른 사람의 실수로부터 배우는 것은 자신의 실패로부터 배우는 것보다 효과적이다.

멋진 미래를 그려라

사실 나는 트럼프에 대해 안 좋은 선입관이 있었다. 그도 그럴 것이 모든 미디어에서 트럼프를 비판하고 있었기 때문이었다. 그의 과거 책을 보고 대단한 인물이라는 생각은 있었으나, 현실은 막말 논쟁으로 한층 비판을 받고 있을 때였다. 나는 트럼프의 『불구가 된 미국』을 읽고 나서 조금 생각이 바뀌었다. 나는 미국인이 아님에도 불구하고 그의 주장에 공감이 갔다. 불구가 된 미국은 그의 대권 출사표를 책으로 나타낸 것이다. 각종 사항에 대한 그의 주장을 담고 있다. 이 책을 읽고 밝은 미래가 그려졌다. 그것은 트럼프의 역량이기도 하다. 트럼프는 멋진 미래를 한 권의 책으로 담았다. 트럼프는 인프라를 개선해야 한다고 주장했다. 그리고 불법 이민자를 추방해야 한다고 주장했다. 좋은 일자리를 마련해야 한다고 주장했다. 과거 미국의 영광을 재연해야 한다고 주장했다. 그 주장에 미국인들은 많이 설렜던 모양이다.

우리나라의 이명박 대통령 역시 경제 성장을 주장했으나 실제로 그 결과는 좋지 못했다. 트럼프가 이명박처럼 될지, 아니면 빌 클린턴처럼 미국의 제2의 전성기를 이끌면서 경제 성장을 맞이하게 될지는 아직 의문이다. 하지만 그가 사업에서의 성공의 반만이라도 국정경영에 성공한다면 그의 말은 거짓말은 아닌 게 될 것이다.

노력이다

나는 그의 성공 비결로 노력을 꼽는다. 트럼프는 어린 시절부터 끊임없이 부동산 재벌이 되기 위해 노력한 사람이다. 그의 성공은 우연이 아니었으며 어떻게 보면 필연적인 것이다. 이에 그의 노력이 들어갔음이 분명하다.

대통령이 되기 전에 그는 일주일에 7일을 일하고 모두 일에 매진했다. 그와 더불어 어프렌티스라는 방송 촬영까지 틈틈이 임했다. 그는 정신없이 살았다. 그는 말한다. 정상의 자리는 언제나 전화가 끊임없는 것이라고. 실제로 수천 통의 전화가 매일 오고 그의 전화는 그의 비서들이 처리하고 있다.

그는 파산 위기에 처했을 때 사무실이 정적에 빠지는 상황을 경험한다. 그 경험을 통해 그는 일에 집중하는 것이 중요하다는 것을 깨닫고 더욱 일에 임해 그 상황을 벗어난다. 어쩌면 운이 좋았을 수도 있지만, 트럼프가 아니었다면 그 상황에서 벗어날 수 있었을까? 수많은 사람들이 사라졌던 것을 생각하면 트럼프의 재기는 대단한 것이라고 볼 수 있다.

필자 역시 트럼프보다는 못하지만 노력해 왔다. 이 책 역시 트럼프와 관련된 30여 권의 책을 읽고 저술한 내용이다. 필자의 재능은 부족하다고 본다. 그 점을 메우기 위해 노력해 왔고, 필자의 독서와 집필은 그 노력의 결과이다. 언젠가는 많은 사람의 사랑을 받는 좋은 책을 쓰고 싶다.

일을 즐기다

그는 억만장자이자 재벌이지만, 꼭 돈을 벌기 위해 일하는 것은 아니다. 그의 프로젝트 중의 하나였던 뉴욕 센트럴 파크에 있는 울맨 스케이팅 링크가 그 증거이다. 이 스케이트장은 공사가 진척되지 못했다. 이 사업을 트럼프가 맡게 되었고, 몇 개월 만에 트럼프는 이 스케이트장을 완성한다. 이 스케이팅장은 수많은 사람들이 찾는 명소가 된다. 그는 좋아하는 일을 통해 다른 사람에게 즐거움을 주기 위해 그 일을 한 것이다. 조금 보태자면 그의 명예심이 한몫한 것 같다.

자신에게 솔직하다

그의 사생활을 들춰내고 싶지 않다. 나는 연예부 기자가 아니기 때문이다. 하지만 여기에서도 그의 모습을 발견할 수 있으므로 조금 알아보도록 하자. 트럼프는 2번의 이혼을 하고 3명의 아내를 두었다. 나는 그 사실을 비난하기 위함이 아니다. 그는 자신의 사랑에 철저히 몰두했다는 것을 의미한다. 그는 남들의 시선을 염두에 두지 않았다. 자기 생각이 이끄는 대로 갔다. 욕을 먹더라도 자신만의 길을 가는 그 용기 하나만큼은 누구나 배울만하다고 생각한다.

그는 싸움을 두려워하지 않는다. 많은 소송을 당하고 또한 많은 소송을 건다. 손자병법에 의하면 싸움을 하지 않고 이기는 게 가장 좋다고 한다. 이런 면에서 트럼프는 조금 부족하지만, 그는 일단 싸우고 본다. 남들에게 얕보이기 싫어하고 무시당하기 싫어하는 트럼프의 모습이 여기서 보인다.

트럼프의 사랑

트럼프는 부인 이바나를 뉴욕 패션쇼에서 만나게 된다. 중요한 것은 이미 그녀에게 남편과 다름없는 남자친구가 있음에도 불구하고 그녀에게 접근한 것이다. 그는 장미꽃을 주고 스키 여행을 떠났으며, 다이아몬드 반지를 주며 청혼했고, 그들은 결혼했다.

그 역시 한 가정의 가장이자 아버지이다. 그것은 그의 근본 에너지는 가정에서의 사랑에서 온다는 것이다. 그가 평안히 일에 집중할 수 있는 것도 가족의 사랑에서 온 것이다. 트럼프가 화를 내며 연설을 할 수 있었던 것은 사랑에너지를 분노 에너지로 바꿀 수 있었기 때문이다.

트럼프의 자기계발

트럼프를 보는 시선은 여러 가지가 있다. 기업가적 측면, 정치적 측면 등 다양하다. 이 책은 트럼프를 자기계발의 측면에서 바라보고자 한다. 그는 분명 타고난 사람은 아니었다. 그의 능력은 그의 노력과 후천적 환경으로 형성된 것이다. 나는 이 말을 가장 좋아하는데, "아니 땐 굴뚝에 연기 나랴."라는 속담이다. 다윈이 과학자가 되고 진화론을 발견한 것도 우연이 아니다. 그의 유전적 성향과 가정환경이라는 후천적 요인에 의해서 자신의 길을 걸어가면서 필연적으로 발견하게 된 것이다. 다윈의 집안은 3대가 과학자 집안이고, 갈라파고스 섬을 탐사하게 된 것도 집안의 배경으로 인해 가능했다. 손흥민 역시 아버지가 프로 축구 선수여서 어려서부터 혹독한 훈련을 받은 끝에 유럽에서 잠재력을 꽃피울 수 있었다.

이를 통해 트럼프가 억만장자가 된 이유를 밝혀보자면 역시 그의 유전과 후천적 환경을 살펴보면 된다. 그에게는 부동산으로 성공한 아버지가 있었다. 그 아버지로부터 부동산의 기본을 어릴 때부터 탄탄히 배웠다. 그리고 그는 아버지를 넘어서기 위해 도전했고 오늘날의 트럼프가 있다. 여기서 아버지처럼 일을 사랑하는 성향을 지니고 일에 몰두한 것도 유전과 가정환경으로부터 배운 것일 터이다.

그렇다면 트럼프처럼 자신을 이끄는 아버지가 없거나 가정 배경이 좋지 않다면 성공을 포기해야 할까? 그렇지 않다. 역할 모델은 꼭 부모가 될 필요는 없다. 자신에게 영향을 주었던 친척이라든지 선생님이라든지 다양하다. 실제로 역할 모델이 없다면 책에서 찾는 수도 있다. 워런 버핏은 벤저민 그레이엄에게 직접 배우면서 그를 역할 모델로 삼았다. 결국, 그는 가치투자라 세계 제2의 부자가 되었다.

트럼프의 위기

트럼프에게 좋은 시절만 있던 것은 아니었다. 젊은 나이에 부동산 사업에 뛰어들어 승승장구했으나, 경기불황으로 파산의 위기에 처한 것이다. 그는 약 10억 달러에 해당하는 빚을 졌다. 그 시절 경기가 안 좋기도 했으나, 트럼프 스스로는 미다스의 손을 가졌다는 언론의 말에 정신을 못 차려서 그런 결과가 나왔다고 자책한다. 하지만 그는 그대로 포기선언을 하지 않았다. 어떻게든지 더 화려하게 부활하겠다고 마음을 먹고 그의 계획을 실행해 나간다. 그는 열에 들떠 경영진 앞에서 앞으로의 미래에 대해서 연설한다. 사람들은 그가 드디어 압박감에 미쳤다고 생각했지만, 트럼프는 초점을 잃지 않고 있었다. 그의 말대로 그들은 위기 상황에 빠져 절망하는 대신 해결책을 생각해내기 시작했다. 이 시점을 기점으로 그는 극적으로 다시금 부활한다. 이전보다도 더 부자가 된 것이다. 그의 파산 위기는 한 번으로 그치지 않았다. 그 뒤로도 여러 번 파산 위기에 처했다. 하지만 그때마다 트럼프는 불굴의 정신으로 이를 극복해 더욱 부자가 되었다. 트럼프가 사실 위기에서 회복될 수 있었던 것은 긍정적인 정신이기 때문이기도 했지만, 은행과 좋은 사이를 평소에 유지했기 때문이었다. 거래 은행을 존중하고 칭찬하는 발언을 늘 했던 트럼프에게 은행은 관대하게 대했고, 그에게 한 번 더 기회를 주었던 셈이다.

우리나라에도 이런 사업가가 있다. 천호식품의 김영식 사장이 바로 그 인물이다. 그 역시 사업으로 성공해 부산에서 가장 재산이 많은 사람 중에 한 명이었으나, 문어발식 사업 확장에 부도가 나고 만다. 그는 20억을 빚을 지고도 다시 사업에 도전해서 결국 지금은 더 큰 부를 누리고 있다. 사업가에게는 뭔가 신기한 능력이 있는 것 같다. 그것은 절대 포기하지 않는 불굴의 정신이다. 그것을 김영식 사장은 뚝심이라고 표현한다. 트럼프 역시 뚝심이 있었다. 위기에 더 강해지는 사람, 그 사람이야말로 진정한 영웅이자 승자이다.

트럼프는 천재이다

보통 천재라고 하면 학문적 천재를 생각하기 쉽다. 어려운 책을 읽는다거나 하는 등이다. 또 다른 생각으로는 음악이나 미술 분야에서 성과를 거두는 사람을 생각하곤 한다. 하지만 트럼프야말로 진짜 천재인 것 같다. 트럼프는 사회에 직접 부딪혀서 성과를 거두는 실제적인 천재영역에서 최고점을 달성한 것 같다. 초보라고 할 수 있는 정치 분야에까지 손을 뻗어 실제로 미국 대통령 당선이라는 결과를 이루어냈다. 트럼프는 거래의 기술에서 말한다. 거래는 거칠기보다는 영리해야 한다고. 트럼프는 바보가 아니다. 그는 철저히 전략적으로 나갔으며, 그것이 미국 대통령 당선이라는 결과를 가져온 것이다.

물론 트럼프에게 어릿광대인 면은 있다. 그는 대중을 즐겁게 해주는 법을 알고 있고 자신이 기꺼이 그 역할을 맡아서 한다. 그의 티브이 쇼가 성공한 것 역시 그가 예능감을 가지고 있었기 때문이었다.

트럼프는 한편 일벌레 스타일이기도 하다. 그는 파산의 위기를 맞았는데 경제적 위기가 문제라기보다는 억만장자 생활을 누리는, 여론이 말하는 대로 미다스의 손을 가졌다는 말을 믿고 풀어진 자기 자신의 마음에서 그 원인을 찾았다. 그리고 다시 재기에 성공한 트럼프는 오로지 열심히 일한다. 이점이 사실상 많은 노동자에게 그의 삶을 존경으로 바라보게 하는 역할을 하지 않았나 싶다. 그는 여러 가지 염문을 뿌리기도 했지만, 꾸준히 출판을 해 대중과의 연결고리를 가지고 있었고, 이는 대중의 지지를 받는 데 중요한 역할을 했다.

치밀한 도널드 트럼프

도널드 트럼프는 크게 생각하기를 강조한다. 크게 생각하기를 통해 그는 부동산 재벌에 이르렀다고 말한다. 그의 할아버지 때부터 그의 집안은 3,000억의 부동산 재벌이었다. 어찌 보면 크게 생각하기는 그에게 당연한 것일지도 모른다. 그의 배경이 있었기에 크게 생각할 수 있었고 성공도 왔다고 생각한다. 하지만 또 다른 면이 보이는데 그가 매우 치밀하다는 것이다. 그는 매우 섬세하고 치밀한 성격을 지녔다. 이는 건축물을 지을 때도 나타나는데 그는 세세한 모든 상황까지 자신의 머릿속에 넣고 작업을 시작했다. 그가 크게 생각하면서도 섬세한 것까지 놓치지 않았다는 것이다. 이는 그의 아버지로부터 배운 것인데 그는 아버지의 생각보다 크게 생각함으로써 더욱 큰 명예와 부를 얻었다.

트럼프의 믿음

트럼프는 자신이 재벌이 될 것을 믿었던 것 같다. 사람이 어떤 것을 믿게 되면 그 믿음이 몸과 마음에 영향을 미친다. 그리고 강한 주파수를 방출하는데 그것은 이미 성공의 자리에 올라있는 그 자체를 말이다. 꿈을 이룬 모습의 주파수를 발산하는 한 개인은 결국 그 자신의 상상력 대로의 미래가 펼쳐 지게 된다. 그래서 어떤 것을 원한다면 일단 해야할 것은 그것이 실제로 자신에게 다가왔다고 믿는 것이다. 예수는 믿는 자에 겐 능치 못할 일이 없다고 했다. 예수의 기적은 모두 자신의 믿음에서 나온 것이다. 확신하는 자는 그것을 얻으리니 이것은 과학적으로도 정확한 법칙이다.

트럼프의 성장기

트럼프는 말썽을 잘 부리는 소년에 불과했다. 그가 어떤 과정을 거쳐서 부동산 재벌, 그리고 대통령의 자리에 올랐을까?

어린 시절

그는 어릴 때부터 문제아였다. 그는 13살 때 음악 선생님의 눈을 때려 멍들게 한 적이 있다. 보다 못한 아버지는 그를 뉴욕 사관학교에 보냈고 그는 거기에서 많은 것들을 배우게 된다. 여기서 트럼프의 성격이 거칠었다는 것을 보여준다. 그는 말로써 문제를 해결하기보다는 폭력을 통해서 문제를 해결하려는 경향이 있었다는 것이다. 트럼프는 무뚝뚝하다는 평을 듣는데 그것은 아버지의 성격을 물려받았다고 볼 수 있다. 그런 트럼프를 잘 알았기에 트럼프의 아버지는 트럼프의 성격을 고치기 위해 군사학교라는 초강수를 둔 것이다.

트럼프는 어릴 때부터 리더로 군림하기를 좋아했다. 그는 물이 든 볼

이 던지거나 종이를 씹어 던지는 장난을 쳤고, 학교 운동장과 생일 파티에 소동을 일으키기도 했다. 여기서 트럼프의 공격성을 볼 수 있으나, 어린 시절임을 고려하면 그렇게 못된 것은 아니었다.

1. 도비어스 선생님을 만나다.

트럼프는 군사학교에서 영향을 많이 준 선생님을 만난다. 그는 해병 상사인 시어도어 도비어스인데, 그는 아주 강인하고 거친 사람이었다. 그는 그 누구의 부탁도 들어주지 않았으며, 특권층의 자녀에 대해서도 아무런 배려도 하지 않았다. 줄이 틀리면 누구든 후려쳤다. 트럼프는 그의 권위를 존중해주는 방식으로 그와 잘 지낼 수 있었다.

트럼프는 학업에도 뛰어났지만 진짜 승부는 졸업 후에 이루어진다는 것을 알고 있었다.

2. 아버지로부터의 영향

걷기 시작할 때부터 트럼프는 아버지와 함께 건축 공사장에 가곤 했다. 십 대 때부터 방학이 되면 아버지를 따라다니면서 청부업자를 다루는 일이나 건물들을 살피는 일 또는 새로운 건축용 토지를 사기 위해 흥정하는 방법 등을 배웠다. 여기서 도널드 트럼프의 어릴 적 기억이 특별하다는 것을 알 수 있다. 부동산업자인 아버지가 없었더라면 트럼프는 그런 경험을 하지 못했을 것이고, 부동산업자로 성공하는 데 훨씬 힘들고 시간이 오래 걸렸을 것이다. 부동산업자인 아버지의 교육은 그를 부동산 재벌로 만들 확률을 높여주었다. 그것은 꼭 재산을 물려주어서가 아니다. 아버지는 트럼프에게 부동산 DNA를 심어 주었던 셈이다.

트럼프는 부동산 재벌이었던 아버지의 영향을 많이 받았다. 트럼프의 아버지는 트럼프의 부동산 일에 기본이 되어 주었다. 트럼프의 아버지는 하고자 하면 무엇이든 할 수 있다는 슬로건을 평생 신조로 삼고 그걸 자식들에게도 수없이 강조했다.

말썽꾸러기였던 트럼프를 일찌감치 군사학교에 집어넣은 것도 그의 훌륭한 교육 방침이었다. 트럼프는 만능 스포츠맨이 되는 등 군사학교에 잘 적응했고, 졸업 후 포댐대학교를 다니다 와튼 비즈니스 스쿨 부동산 학과에 편입해 학업을 마쳤다.

그는 부동산의 네 가지 성공 공식을 가지고 있었다

뛰어들어라, 해내라, 제대로 해내라, 그리고 나와라가 그것이다. 트럼프는 10살 때부터 부동산을 어떻게 지어야 하는지 알 수 있었다.

트럼프의 전략은 저평가된 부동산을 찾아내 개발한 뒤 비싼 값에 되파는 작전이었다. 그는 부동산학에 관해 연구했기에 이를 잘 알고 있었다.

3. 아버지의 후계자가 되다

트럼프의 후계자는 트럼프의 형이었다. 하지만 트럼프의 형 프레디는 너무 약한 성격을 갖고 있었고, 엄격한 아버지의 욕구를 충족시켜 주지 못했다. 프레디는 일반 학교에 다니고 공군 조종사가 되기를 꿈꾸기도 했으나, 아버지의 조수가 되어 일했다. 하지만 일에 능하지 못했고 일을 잘 배우지도 못했다. 아마 건축에 큰 관심이 없어서였을 것이다. 하지만 그에 비해 건축일에 큰 관심을 가졌던 트럼프에게는 형의 부진이 득이 되었다. 결국, 형은 죽게 되고 그가 트럼프 가를 이을 후계자가 되면서 트럼프 인생에서 빛이 비치게 된다.

재벌가 같은 경우 가족 관계가 중요하다. 흔히 장녀나 장남이 큰 역할을 부여받지만, 꼭 그들에게만 기회가 오는 것은 아니다. 출생순위가 우선한다고 해서 잘한다는 것을 보장받지 못하고, 출생순위가 뒤에 오더라도 맡은 일을 잘해 집안을 이끌어 가는 경우도 흔하다.

4. 아버지와 결별하다.

트럼프의 아버지는 트럼프 타워가 건설 중이던 시절 방문하여 이렇게 말한다. "너는 왜 망할 놈의 유리만 쓰느냐? 4층이나 5층까지만 유리를 쓰고 나머지 위층은 벽돌로 짓는 게 어때? 아무도 꼭대기까지 쳐다보지 않아."

트럼프는 아버지가 잔돈 몇 푼을 절약하는 것을 옛날 방식으로 보았고 자신만의 건축을 하기로 마음먹는다. 아버지의 사업은 육체적으로 고되고 금전적으로 수지가 맞지 않았다고 트럼프는 보았다. 트럼프는 어머니의 영향을 받아 건축을 예술로 만들기로 마음먹는다.

청년 시절

부동산 산업에 눈뜨다

트럼프는 친구들이 만화나 스포츠 기사를 읽고 있을 때 저당권 상실 명단을 보고 있었다. 융자를 받았다가 저당권을 잃은 건물의 목록을 살피고 대학재학 중 아버지와 함께 그 건물을 사들이는 게 그가 벌인 최초의 큰 사업이었다. 그 사업은 오하이오 주 신시내티에 있는 1,200가구의 아파트 단지인 스위프튼 빌리지를 600만 달러에 구매해 각종 리모델링을 거쳐 1년 반 만에 1,200달러에 되판 것이었다. 이를 통해 트럼프는 부동산 산업에 눈을 떴다. 한때 영화 일을 해보고자 하는 마음조차 지녔던 트럼프이지만, 아버지로부터의 영향은 그를 부동산업을 하게 만들었다.

트럼프는 1968년에 워턴 대학을 졸업하자마자 맨해튼으로 눈을 돌렸다. 맨해튼은 뉴욕의 도심으로 금융, 문화, 상업의 중심지이자 세계적인 기업과 국제적 기구들이 들어선 곳이다. 증권 거래소가 있는 월가, 최고층 빌딩을 자랑하던 엠파이어 스테이트 빌딩, 그리니치 빌리지, 센트럴 파크, 유엔 본부, 세계 무역 센터, 링컨 센터, 컬럼비아 대학, 뉴욕 대학, 록펠러 센터, 미술관, 박물관 등 유명한 기관 단체들이 모여 있다.

하지만 그때는 부동산 경기가 한창 올라있어 마땅한 거래를 찾을 수 없었다. 대학을 졸업할 당시 트럼프에게는 20만 달러에 달하는 재산이 있었으나 대부분이 빌딩에 묶여 있었다. 그래서 트럼프는 아버지를 도우면서 가능한 많은 시간을 맨해튼에서 보냈다.

뉴욕 입성기

트럼프가 맨해튼에서 처음 했던 일은 가장 인가가 있었던 레 클럽에 가입하는 것이었다. 그 클럽은 세상에서 가장 성공한 남성들과 가장 아름다운 여성들이 멤버로 가입되어 있었다. 트럼프는 그 클럽에 가입하기 위해 애를 썼다. 직접 회장에게 연락하는 방식으로 트럼프는 그 클럽에 가입할 수 있었다. 트럼프는 왜 그렇게 그 클럽에 가입하려고 애를 썼을까? 그 이유는 최고의 성공자가 되고 싶어 하는 그의 마음 때문이었고, 인맥을 다지면 더 큰 성공이 가능하겠다는 계산에서 나온 것일 것이다. 트럼프는 클럽에서 음주에 취하지도 않고, 여자에 빠지지도 않았다. 그것은 아직 성공하지 못해서일 수도 있지만, 더 큰 성공을 꿈꾸는 트럼프였기에 다른 사람처럼 즐길 수 없었기 때문이었다.

트럼프는 밤이면 상류클럽에서 다양한 유명 인사들과 친목을 도모하는 한편, 맨해튼 구석구석을 뒤지며 개발할 만한 부동산을 찾고 있었다. 그가 한 첫 번째 시도는 웨스트 3번가에 컨벤션 센터를 세우려는 계획이었다.

트럼프에게는 돈을 벌어야겠다는 목표보다 맨해튼에 기여할 만한 건물을 지음으로써 자신을 알리겠다는 생각이 더 컸다. 마침내 트럼프는 600만 달러의 세금을 못 갚아 파산한 펜 센트럴 철도가 헐값에 내놓은 코모도어 호텔을 사들여 재건축하겠다는 계획을 세웠다.

이 프로젝트는 아버지를 비롯한 모든 사람들의 우려를 낳는 무모한 계획이었지만, 성공하여 뉴욕을 빛내는 프로젝트로 남았다.

코모도어 호텔 재건축

트럼프는 코모도어 호텔을 재건축해 그랜드 하얏트 호텔을 지었는데 그는 호텔 로비부터 색다른 것을 원했다. 그가 한 것은 마룻바닥 재료를 갈색 대리석으로 하고 기둥과 난간에 동을 사용했다. 트럼프는 그랜드 하얏트 호텔을 명소로 만들고 싶었던 것이다.

1980년 9월, 그랜드 하얏트 문을 마침내 열었다. 개점 첫날부터 호황이었다. 지금은 연간 총 영업수익이 3,000만 달러를 초과한다. 내가 이 재건축을 길게 말하는 것은 트럼프로서는 첫 성공이었으며, 그의 입지를 다지게 했고, 더 큰 꿈을 꾸게 만들었다는 것이다. 트럼프는 마음속 깊이 뿌듯해 했을 것이고 부동산 왕이 되겠다는 자신감을 가졌을 것이다.

트럼프 타워를 짓다

트럼프는 1980년 3월 15일 본위트 건물을 허물었다. 그리고 트럼프 타워를 짓기 시작했다. 그 과정에서 건축 장식품을 부순다는 비난을 받는 등 여러 어려움이 있었으나 이를 해결한다.

그는 희귀한 색깔의 대리석인 브레시아 퍼니쉬라는 대리석을 발견한다. 그 대리석은 장밋빛, 복숭앗빛, 그리고 분홍빛이 황홀하게 조화를 이루며 배합되었는데, 깜짝 놀랍게 아름다웠고 또 비쌌다. 그 대리석은 바닥 전부와 6층이나 되는 벽에 사용되었다. 이것은 무척 사치스러웠고 사람들의 마음을 흥분시켰다.

대리석은 일부분이었고 아트리움은 전체가 인상적이었다. 난간은 금빛 찬란한 황동으로 사용했다. 그리고 반사 거울을 많이 사용했는데 이는 건물이 넓어 보이는 효과를 낳았다. 마지막 요소는 동쪽 벽을 타고 흐르는 폭포였다. 높이가 8피트인 그 폭포는 만드는 데만 거의 100만 달러가 들었다. 폭포는 흔히 벽에 그림을 걸거나 조각을 설치하는 것보다 훨씬 더 사람들의 관심을 끌었다.

카지노 사업을 시작하다

트럼프는 애틀랜타 시티에 카지노를 열었다. 많은 문제점이 있었으나 이를 잘 해결하고 카지노 문을 열었을 때 예상외의 대단한 반응이 나타났다. 개업식은 뉴저지 주의 고위 인사들이 대부분 참가한 가운데 수천 명의 하객들로 대성황을 이루었다.

카지노 사업이라고 하면 조금은 부정적인 이미지가 들지도 모르겠다. 필자 역시 도박이 아니느냐 하는 부정적인 마음이 있었다. 하지만 트럼프는 월가의 투자행위나 카지노의 행위나 도박적인 요소가 있는 동일한 것으로 보았다. 그래서 카지노 사업에도 손을 대기 시작한 것이다. 사실 중요한 것은 이득 때문이었다. 카지노 사업은 호텔 사업보다는 훨씬 더 많은 이익을 제공해 줄 수 있었기 때문이다. 그는 실제로 개인적으로 카지노에 빠지지 않았다. 오직 카지노에서 나오는 이득을 얻기 위함이었다.

제3장

트럼프의 대권 당선

트럼프 vs 오바마

사실상 2016년 대선은 트럼프 대 오바마의 대결이었다. 오바마는 재선을 하면서 높은 지지도를 유지하고 있었으나, 그에 반대되는 세력도 많았다. 오바마는 여러 민족이 함께 살아가는 미국, 차별 없는 미국을 꿈꿨고 이에 대한 개선을 많이 이루어내었다. 한편, 백인층으로 대변되는 트럼프의 사람들은 오바마에 불만이 많았고 트럼프가 주도해 폭발하기 시작했다. 결과는 선거가 말하는 대로였다. 오바마는 차기 대선을 노려볼 수밖에 없게 되었다. 기득권층이라고 여겨졌던 힐러리는 이 대선에서 특별한 차별점을 내지 못했고, 선거인 수에서 이기고도 선거인단에서 지면서 비참한 패배를 안을 수밖에 없었다.

미국의 상황은 어떠한가

　미국은 아메리칸 드림이 붕괴한 상태이다. 제조업이 힘을 잃으면서 일자리를 잃고 하류계층으로 떨어지는 사람이 늘고 있다. 이는 소수의 부자와 다수의 하층민으로 계층이 재편되고 있는 것이다. 이런 현상은 사실 한국에서도 나타나고 있는 현상이다. 나는 미국의 상황을 통해 이런 부익부 빈익빈 현상에 범세계적이라는 사실을 알게 되었다. 미국의 중산층들은 무너졌고 고등학교만 졸업해도 일자리를 얻고 고수익을 올리면서 풍요롭게 살 수 있었던 과거의 미국에 향수를 느끼는 사람들이 증가하면서 트럼프의 지지자들도 늘어나게 되었다.

　이들은 고용 안정화를 원하며 미국이 바람직한 방향을 가고 있지 않다고 생각하며 변화를 요구한다. 이를 트럼프가 해결할지는 모르겠지만, 트럼프는 공약을 통해 이를 해결하겠다고 말했고 사람들은 열광적으로 지지했다.

　트럼프를 지지했던 세력은 앵그리 화이트이다. 백인층은 총인구의 70%이고 그중 58%가 트럼프를 지지했다. 트럼프는 저소득 백인층 지역에서 열광적인 지지를 받았다. 이번 대선의 승패를 가른 지역은 러스트 벨트 지역이다. 러스트 벨트는 몰락한 제조업 지역으로 미시간, 위스콘신, 펜실베이니아, 오하이오 등이 포함된다. 트럼프는 그들에게 양질의 일자리를 돌려주겠다고 약속했다. 상대적 박탈감을 느꼈던 그들은 트럼프를 지지했고 결국 대선의 승리를 가져왔다.

트럼프의 막말

트럼프는 보이지 않는 틈에 손을 찔러 넣었다. 그가 처음 대중의 관심을 끌게 된 것은 그의 막말이었다. 그가 정중한 화법을 사용했다면 그는 소리 없이 사라졌을 것이다. 하지만 그가 막말로 떠들어 대자 사람들이 주목하기 시작했고, 비난에도 불구하고 지지율이 미친 듯이 오르기 시작했다.

이것은 트럼프가 그냥 막말을 한 것이 아니라는 것이다. 그는 철저하게 계산된 막말을 사용했다. 그는 이미 오래전부터 주목받는 법을 알았고 그 주목을 받아야만 대선 승리를 할 수 있음을 알았다. 그래서 그는 비난에도 불구하고 자기답게 나아간 것이다.

사람들은 많이 비판했지만 여러 언론의 뭇매에도 불구하고 그것은 자신을 홍보하는 기사가 되어 돌아왔다.

이것은 어처구니없는 수법이었지만 대중의 그의 두뇌 회전에 넘어가고 말았다. 물론 그의 막말은 진실성을 갖춘 막말이었다. 그렇기에 대중이 따랐던 것이다.

트럼프의 화법

트럼프는 솔직하고 사실에 기초한 화법을 사용한다. 이른바 초등학생 수준의 언어를 사용하는 것이다. 하지만 이처럼 단순한 화법에 미국인들은 열광했다. 예로부터 연설을 잘했던 사람을 살펴보자. 트럼프의 강력한 경재자였던 오바마, 링컨, 마틴 루터 킹 등은 쉬운 영어를 사용했다. 그들은 핵심 메시지를 간결하게 전달했다. 트럼프 역시 마찬가지이다.

트럼프는 어떻게 당선하게 되었을까. 부동산 재벌로는 명성을 떨쳤지만 그는 정치권과는 먼 거리의 사람이었다. 당연히 그의 적이었던 힐러리와는 비교도 할 수 없는 커리어였다. 하지만 기존 정치에 환멸을 느꼈던 사람들, 힐러리를 기득권으로 바라보았던 사람들, 정치인들이 정치인들만의 거래를 하면서 그들의 자리를 지키는 동안 변함없는 정책으로 사람들을 대했던 것에 화가 났던 사람들은 트럼프의 솔직한 언사와 행동에 깊은 공감을 표했다. 그래서 원래는 민주당 지지자였던 사람들조차 트럼프에게 돌아선 것이다. 언론은 트럼프의 당선을 의외로 보았으나 사실상 미국의 현지 분위기는 전혀 그렇지 않았다고 한다.

트럼프가 인기를 끌자 주요 언론들은 그를 맹비난하기 시작했다. 그것은 트럼프 자신이 자초한 경향도 머지않아 있다. 그의 막말 때문이었다 하지만 그 막말로 대중들은 신선함을 느꼈고 세상을 바꿀 존재로 트럼프를 선택했다. 우리나라의 노무현 대통령이 언론과의 전투를 했듯이 트럼프 역시 다수의 언론과의 전투를 시작했다. 하지만 싸움이 커질수록 그의 명예만 높아질 뿐이었다.

그를 지지하는 많은 사람들은 철강과 석탄을 캐는 노동자 집단이 많았다. 그들은 일자리를 잃고 평균 수입이 줄게 되는 상황 속에서도 전혀 대책을 세우지 못하고 있는 정부에 대한 불신이 깊었다. 그들은 민주 당원임에도 불구하고 공화당인 트럼프에게 미래를 발견하고 트럼프를 지지하기 시작한 것이다. 열기는 뜨거웠다. 트럼프의지지 연설에는 몇만 명이 모였고 힐러리의 연설에는 단지 수백 명이 모였을 뿐이었다.

트럼프는 자신이 아니라 자신의 지지자들을 찍어달라고 방송에 요구했으나 방송은 그가 하는 연설의 열기를 축소 보도했다. 그럼에도 불구하고 많은 숨은 지지자들이 그를 찍으면서 그가 대통령에 당선된 것이다.

모두들 안 될 거라고 믿었지만

트럼프가 대선에 나오자 모든 언론들은 안 될 것이라고 하였다. 그도 그렇듯 민주당 지지 기반 언론이 많았고 그들은 정치의 기본도 모르는 트럼프를 아예 정치계에 끼워주지도 않았다. 자연스럽게 우리 언론에도 트럼프는 괴짜, 기인, 막말 등의 단어로 표현되어 그의 당선 가능성을 낮게 보았다. 하지만 실제의 상황은 달랐다. 그래서 아주 소수의 사람들만이 트럼프의 당선 가능성을 보았다. 적어도 우리나라에서는 말이다. 대선 직전 트럼프에 대한 글이 7권이 나왔다고 한다. 힐러리에 대한 글은 1권이었다. 알 사람은 다 트럼프가 당선될 것이라는 것을 알았다는 이야기이다.

트럼프는 백인 기독교층의 81%나 되는 지지를 받았다. 트럼프는 낙태에 반대했는데 이는 힐러리의 주장과는 상반되는 것이었다. 여러 가지 면에서 종교적이지 못하다는 평을 받은 트럼프에게는 천군만마와 같은 결과였다.

젭 부시를 이기다

부시 일가는 대통령을 2번이나 한 명문 집안이다. 사람들은 부시 일가를 왕족이라고 부른다. 이에는 부정적인 의도가 들어있다. 사람들은 그들의 정치와 기득권에 질려있었다. 트럼프는 공화당 토론회에서 젭부시를 유약하다고 비판했고 그 비판은 먹혀 들어갔다. 결국 트럼프는 젭부시를 이기고 공화당 후보로 선출될 수 있었다. 그의 인기는 타올랐고 정치 경험의 그가 20대 1의 싸움에서 모두 이기고 승자로 공화당 후보가 된 것이다. 여기서부터 이미 대통령 선거의 결말이 끝난 것이나 다름없었다. 이에 반해 힐러리는 여러 가지 네거티브 공박에 시달리고 있었다. 의혹은 커져갔고 그녀의 기득권적인 면이 들어나면서 대중들의 지지를 잃어버렸다. 이에 민주당 지지자들이 트럼프를 찍는 현상이 나타나면서 힐러리는 선거에서 또 한 번 패배를 하게 된다.

힐러리는 왜 대선에서 떨어졌나

강력한 대권 후보였던 힐러리는 왜 떨어졌을까. 최초의 여성 대통령이라는 꿈으로 가는 과정에서 힐러리는 낙마했다. 이는 트럼프의 집중 공격을 받아내지 못했기 때문이다. 사실이든 그렇지 않던 간에 힐러리는 기득권 정치인으로 몰렸고 이에 대한 적절한 반응을 하지 못했다. 또한 이메일 문제, 테러 문제 등 여러 가지 쟁점에서 불안 요소를 끌어안고 있었다. 대권 투표를 앞두고 터져 나온 그런 문제에서 힐러리는 필패했다. 무엇보다도 힐러리의 대권 승리는 오바마 정권의 연장이라는 것이다. 미셸 오바마는 힐러리를 위해 지원사격을 하기도 했다. 그래서 사실상 대선은 힐러리 대 트럼프가 아닌 오바마 대 트럼프의 싸움이었다. 오바마 정치에 질린 미국인들은 자국우선주의를 하는 트럼프를 따랐고 반사적으로 힐러리는 기득권 정치인의 개념에서 벗어나지 못하고 떨어지고 말았다. 마지막에는 가짜뉴스까지 퍼져서 힐러리에게 좋지 않았다. 힐러리는 실제로는 가난을 위해 일하고 정치 경력도 상당함에도 불구하고 트럼프의 돌직구에 무릎 꿇고 만 것이다.

게다가 힐러리는 가난한 이들을 위한 정책을 내놓는다고 하면서도 자신은 고액 강연료로 돈을 벌어들이는 등의 모순된 모습을 보였다. 이는 민주당 정치인으로서의 역할을 하지 못한 것이다. 그녀는 가난 대비 강연에서 1,400만 원짜리 재킷을 입는가 하면, 2억 달러에 가까운 돈을 강연 및 부수입으로 얻었다. 힐러리는 자신이 빌의 퇴임 시절 빚을 지고 있었다고 주장하지만 그녀가 월스트리트 등 부유층을 대변하고 있다는 논점을 피하지는 못했다.

트럼프의 대선 성공

그는 주류 언론에 뭇매를 맞고 있었다. 민주당 측 언론뿐만 아니라 공화당 측 언론과도 사이가 좋지 않았다. 그는 대신에 트위터를 이용해 미국인들과 직접 소통했다. 그의 트위터 계정에는 5,500만 명의 미국인이 팔로우하고 있었다. 그는 짧은 글에 능했고 짧고 간단한 말로 자신의 의사를 전해고 이에 미국인은 열광했다.

트럼프는 대통령 이전에 정치 경력이 없었다. 트럼프의 정치는 맨손으로 호랑이를 때려잡은 격이다. 막말로 인한 파문과 통쾌한 직언, 최고라는 그의 이미지 덕분에 그는 미국 대통령 자리에 오를 수 있었다.

어릴 때부터 그렇지만 그는 남자다웠다. 그로 인해 여성을 비하한다는 말도 들었지만 그는 그것에 굴하지 않았다. 그것은 트럼프만의 스타일이었다. 오바마가 8년 전 대통령 선거에서 승리한 것도 오바마만의 스타일이 있었기 때문이다. 한 국가의 지도자라면 자신만의 스타일을 갖고 있어야 한다.

트럼프의 대선 성공– 누가 도왔나

1. 장녀 이방카 트럼프

첫 번째 부인 이바나와의 사이에서 태어난 패션모델 출신 장녀 이방카는 트럼프의 대선 기간 내내 아버지를 돕는 활약을 많이 펼치며 주목받았다. 이방카는 유명인사 파워 우먼으로 통한다. 180센티미터 장신으로 자기 사업도 잘하고 얼굴도 예쁜 미인이다. 얼굴만 예쁜 것이 아니라 성품도 곱고 활달하다는 평가를 받는다.

공화당 경선 내내 아버지 곁에서 참모 역할을 해서 인기를 얻었다. 유세 중 막말을 하는 트럼프를 보좌하고, 적정선을 지키게 한 것은 그녀의 몫이었다.

그 외 가족들도 트럼프 선거 캠프 깊숙이 개입하여 피는 물보다 진하다는 아버지를 적극적으로 도운 것으로 알려졌다.

2) 비서 노마포어더러

트럼프는 비서 노마포어더러와 23년을 함께했다. 그녀는 트럼프에게 오는 수천 통의 전화를 굳세고 재치 있게 우아하게 지칠 줄 모르고 처리했다.

그는 그녀 덕분에 삶이 한결 편안해질 수 있었으며, 비서가 오히려 자신을 관리해주었다고 말한다.

3) 마크 버넷

마크 버넷은 방송 피디이다. 여러 가지 버라이어티를 제작해 큰 성공을 거두었다. 트럼프에게 「어프렌티스」라는 작품을 권한다. 트럼프는 한눈에 그의 작품이 성공할 것을 알아보게 이에 참여하게 된다. 이는 마크 버넷의 능력이기도 하고 트럼프의 능력이기도 하다. 정확하게 말해서는 둘의 호흡이 척척 맞았다는 것이다. 그들은 최상의 능력을 뽑아내었고 쇼프로그램이 1위를 하는 놀라운 성과를 내었다. 마크 버넷은 트럼프에게 일주일에 3시간만 내면 된다고 말했지만 사실 쇼가 진행되면서 많은 시간이 요구되었다. 하지만 협상으로 잘 문제를 해결하고 나서 트럼프에게도 마크 버넷에게도 하나의 승리가 될 프로그램을 만들어낼 수 있었다.

「어프렌티스」라는 프로그램은 트럼프가 미국에서 전국적인 지명도를 쌓을 수 있는 좋은 작품이 되었고 세계적으로 인기가 있기도 했다. 실제 중국에서는 그의 인기가 상승해 중국에서의 이미지 개선에도 효과를 내었다.

트럼프의 대권 도전기

트럼프는 이미 2000년도에 대권에 도전한 적이 있다. 하지만 그때는 후보로 잠깐 나왔다가 사라졌다. 정계는 트럼프에게 낯설었을 수도 있다. 잠깐 관심이 갔지만 자신에게 맞지 않다고 생각해서 발을 뺐을 수도 있다. 아니면 정말 도전하기 위해 치밀하게 준비해야겠다고 다짐했을 수도 있다. 어느 쪽인지 모르겠지만 그가 대권에 다시 나온 것을 보면 후자일 가능성이 높다. 그는 먼저 티비쇼를 통해 자신의 인지도와 친밀도를 더 높이겠다고 다짐했을 수도 있다. 실제로 그의 티비쇼는 엄청난 인기를 끌며 미국에서 대통령보다도 더 인지도가 높은 인물이 되었다. 그 뒤로는 알다시피이다. 그는 티비쇼를 중단하고 선거에 나섰다. 티비쇼는 이미 할 일을 다 했다. 그에게 더 이상 미련은 없었을 것이다. 명예욕이든 권력욕이든 좋다. 그는 큰일을 하고 싶었고 이제 그 자리에 올라서 있다.

제4장

트럼프의 생각

불법 이민 NO

트럼프는 불법 이민자에 대해 강경하게 대응한다. 미국이 불법 이민자에 의해 오염되고 있다는 것이다. 강력 범죄 등이 불법 이민자에게 이루어져 있고 미국 언론은 트럼프가 멕시코인들을 강간범 취급했다고 보도를 내보냈다. 하지만 그것은 오해이다. 트럼프가 문제시하는 것은 합법 이민자들이 아니다. 트럼프는 합법 이민자를 장려한다. 그의 선조들이 이민자이기 때문이다. 하지만 불법으로 들어오는 이민자들에게는 강경하게 대응하기를 권한다. 그동안의 오바마 정부나 그 외의 정부들은 이 문제를 알고도 강경 대응하지 못했다는 점이다. 자신은 분명히 할 것이며 장벽을 세울 것이라고 말한다.

트럼프의 정치

정치란 복잡하게 엉켜있는 이권 다툼을 조정하는 일이다. 이게 국내뿐이라면 쉽겠지만 지금의 상황은 세계 여러 나라들과 뒤엉켜있는 상황이다. 세계 최강대국이라는 미국이라면 더 상황은 복잡하다. 이런 복잡한 이권 다툼을 트럼프는 잘 중재해낼 수 있을까.

트럼프의 미국은 이제 세계의 경찰 노릇을 하는 것을 그만두려고 한다. 트럼프의 미국은 철저히 자국 중심이다. 해외 방위에 쓰는 돈을 절약해 미국 내의 국민들의 삶을 개선하고자 한다. 이를 위해 러시아를 견지하기 위한 NATO도 탈퇴하고, 중동 지역에서도 손을 떼겠다는 심산이다. 트럼프는 자국 내 에너지를 개발해 타국에 대한 에너지 의존도도 낮추겠다는 것이다.

이를 위해 환경보호조약도 깨겠다는 게 트럼프의 의중이다. 철저히 미국만을 생각하겠다는 것이 트럼프의 생각이다. 이런 생각은 세계적인 것이다. 유럽의 많은 국가들도 자국우선주의 노선을 타고 있는 나라들이 많다. 하지만 그 이면에는 원래의 좋았던 가치들이 훼손되고 있는 양상이다.

트럼프가 위기에 빠진 미국을 구하기 위해서 정치에 나선 것일까. 아니면 명예와 권력을 위해 사람들의 마음을 이용한 것일까. 나는 어느 쪽도 맞지 않다고 본다. 사람 일이 다 그렇듯이 어느 한쪽의 마음만 가지고 있지는 아닐 것이다. 이것은 인간적인 것으로 문제는 없다. 트럼프 역시 명예를 실추하지 않기 위해 더 열심히 일할 것이며, 이는 우리 세계의 발전에도 공헌이 되는 것이다.

트럼프의 정책

트럼프의 한국에 대한 정책은 주한 미군 철수와 FTA 재협약이다. 트럼프는 주한 미군을 철수하거나 방위 비용을 모두 한국이 내야 한다고 주장한다. 하지만 이는 실효성 없는 주장으로 아직까지 별다른 변화는 보이지 않고 있는 일이다. FTA도 마찬가지이다. 워낙 꼼꼼하게 협약했었던 터라 그 협약을 새로 한다는 것은 무리라는 것이 의회의 주장이다.

트럼프의 10가지 공약

이 글은 트럼프에 대해서 쉽게 설명해주는 책이다. 하지만 조금 어려운 이야기도 해야겠다. 별로 관심이 없다면 그냥 넘어가도 되는 부분이다. 그것은 트럼프가 집권 후 100일 동안 조치를 취하겠다고 한 일이다.

1) 중산층 세금 감면과 간소화 법령

매년 4%의 경제 성장과 최소한 25만 개의 새로운 일자리를 창출하도록 설계된 경제 계획은 무역 개혁, 규제 감소 그리고 미국 에너지에 대한 규제 철폐와 발맞춘 대규모의 세금 감세와 간소화를 통해 이루어집니다. 최대의 세금 감세는 중산층을 위한 것입니다. 두 자녀를 가진 중산층 가정은 35%의 세금 감면을 받을 것입니다. 현재의 소득 계단을 7에서 3으로 줄이고 세금 형태도 그와 같이 크게 간소화할 것입니다. 기업의 세금 비율도 35%에서 15%로 낮출 것이며 그렇게 되면 해외에 있는 미국 기업들의 수조 달러의 돈이 10% 비율에 돌아올 수 있을 것입니다.

2) 해외 업무 위탁법의 종결
기업들이 자신들의 근로자들을 방치하고 다른 나라로 재배치하는 것을 막고 그들의 생산품을 미국의 면세 지역으로 선적하도록 하기 위한 관세를 재정할 것입니다.

3) 미국 에너지 및 기반 산업법
세금 유인책을 통한 공사 파트너십의 지렛대와 사기업의 투자로 향후 10년 동안 기반 산업 투자가 1조 원을 이끌어낼 것입니다. 그것은 국가 예산에는 중립적입니다.

4) 학교 선택과 교육 기회법
교육 자금을 재배치하여 학부모들에게 자신들의 자녀를 공립교, 사립교, 차터스쿨, 마그넷 스쿨, 종교학교, 가정학교 등 그들의 선택에 따라 보낼 수 있는 권리를 부여할 것입니다. 공통의 중심을 끝내고 교육 감독을 지방 공동체들에게 돌려줄 것입니다. 그것은 직업 교육과 기술 교육을 확장할 것이며 2년 및 4년제 대학을 보다 적정하게 만들 것입니다.

5) 오바마 케어의 폐지와 대체 법령

오바마 케어를 전면 폐지하고 그것을 건강 저축 계좌로 대체할 것입니다. 시민들이 주의 경계선을 뛰어넘어 건강 보험을 구입하고 주들이 의료 기금들을 경영할 수 있도록 할 것입니다. 개혁은 FDA의 번거로운 절차를 단순화하는 것을 포함합니다. 현재 약 4,000여 개 이상의 대기 절차가 있는바, 우리는 특히 생명 보호 의료의 승인 속도를 신속하게 할 것을 원합니다.

6) 적정 아동 보육 및 노인 의료계획법

미국인들이 아동 보육 및 노인 의료계획에서 그들의 세금을 공제받는 것을 허용하고 고용인들이 일방적 아동 보육 서비스를 제공하도록 인센티브를 제공하고 연소자와 연장자 피보호자 모두를 위한, 그리고 저소득 가족들의 위한 부응 기여가 결합된 면세되는 피보호자 의료 저축 계좌를 만들 것입니다.

7) 불법 이민종결법

멕시코가 벽을 설치하는 모든 비용을 부담한다는 이해 아래 우리의 남쪽 국경에 벽을 설치하는데 모든 기금을 제공할 것입니다. 처음 국외 추방 후 미국으로 불법적으로 재입국하는 자들에게 필수적으로 2년의 연방 감옥형을 선고하고 흉악 범죄의 전과가 있는 자나 경범죄 전과가 많은 자 또는 2회 혹은 그 이상 추방 경력이 있는 자의 미국 불법 재입국은 필수적으로 5년간의 연방 감옥형을 선고하며, 또한 비자 규칙을 개혁하여 기간을 초과하여 거주하는 데 대한 벌칙을 개방된 일자리를 미국인에게 먼저 제공하는 것을 보장하도록 할 것입니다.

8) 공동체 안전법의 부활

'폭력 범죄에 대한 기동대'를 창설하고 지방 경찰을 훈련하고 지원하는 프로그램을 위한 기금을 증가시킴으로써 치솟는 범죄, 약물 및 폭력을 감소시킬 것입니다. 연방법 집행 기관들 및 범죄 갱단을 해체하고 폭력 공격자를 철장에 보내기 위한 연방 검사들을 위한 예산을 증가 시킬 것입니다.

9) 국가 안전법의 부활

방위 격리제도를 철폐하고 방위비 투자를 확대할 것입니다. 재향 군인들이 재향 군인국의 공공치료를 받을 수 있게 하거나 자신들의 선택에 따라 개인 의사들에게 진료를 받을 수 있게 할 것입니다. 사이버 공격으로부터 중요 기반 시설을 방어할 것입니다. 이민자들이 우리의 국민들과 그 가치들을 지지하는지를 확인할 새로운 검색 절차를 만들 것입니다.

10) 워싱턴 부패 청산법

썩은 물을 빼내고 우리나라 정치에 대한 특수 이익들의 부패 영향을 줄이기 위한 새로운 윤리 개혁을 제정할 것입니다.

기타 공약

1) 파리 기후협약 무효화

2) 키스톤 파이프 라인 건설 허가

3) 석탄 발전 규제 폐기

4) 지구 온난화 관련 지원 정책 중단

5) 석탄 사업 부활 및 관련 일자리 수 증가

트럼프와 세계의 미래

경제관

도날드 트럼프가 세계 경제 통합체인 환태평양 경제 동반자 협정(TTP)탈퇴를 주장하면서 지난 20년간 세계 통상 흐름을 주도해오던 블록 경제 체제가 뿌리째 흔들리고 있다. 사실 블록 경제는 선진국에게 이득이었다. 물론 선진국들의 시장을 자유롭게 내어주어야 한다는 손실도 있지만, 자유무역을 통해 선진국들이 얻는 이득이 훨씬 컸기 때문이다.

트럼프는 말한다. "비준되지 않는 TTP에서 탈퇴하고 미국 노동자들을 위해 싸울 가장 강력한 무역 협상가를 임명할 것이다. 북미 자유무역 협정 상대국과도 즉각 재협상에 나서고 미국 노동자들에게 해를 끼치는 각종 무역 협정 위반 사항들을 상무 장관이 확인하도록 조치하겠다.

군사관

　트럼프는 말한다. "미국의 직접적인 안보 문제가 달린 것이 아니라면 어떠한 국제적인 갈등에도 개입하지 않겠다." 트럼프는 미국 우선주의와 고립주의를 말한다. 그리고 강한 군사력으로 예전의 미국이 위용을 되찾으려고 한다. 그는 동맹국들에게 안보 무임승차를 하지 말 것을 주장하며, 그 비용을 동맹국들이 내야 한다고 주장했다. 한국 역시 이런 비판을 피해갈 수 없었으며 일본도 마찬가지였다.

트럼프에 대한 비판

불 륜

트럼프는 본처가 있음에도 불륜을 저지르고 사생아를 낳았다. 그의 애정행각은 평범한 보통 한국 남자인 나에게는 잘 이해되지 않는 일이다. 이를 미국적 시각으로 바라보았을 때는 어떨지는 모르겠다. 트럼프와 시대는 다르지만 영국의 지도자인 처칠은 완벽한 인물은 아니었다. 보통 사람보다도 부족한 면이 많은 사람이었다. 늦잠을 잤으며, 시가를 폈으며, 늘 술에 취해있었고, 고집이 셌다. 이거 완전 리더로서는 자격 박탈이 아닌가. 우리나라였으면 국회의원도 되지 못하고 쫓겨났을 것이다. 하지만 현명했던 영국인들은 그의 약점이 아니라 강점인 포기하지 않는 정신과 근성을 보았고 그를 수상에 올려 2차대전을 승리로 장식했다.

여기서 처칠 이야기를 하는 것은 도날드 트럼프가 대통령이 되는 게 처칠과 비슷하기 때문이다. 사람들은 트럼프가 약점이 많은 인물이라는 것을 알고 있다. 하지만 그럼에도 불구하고 트럼프를 선택했다. 트럼프가 위기인 미국을 구할 것이라는 확신이 있었기 때문이다. 지금 미국은 변화를 원한다. 오바마나 힐러리는 미국이 강하다고 말한다. 그들의 공약은 더 강하게 이다. 하지만 트럼프는 다르다 미국이 망해가고 있다고 말한다. 여러 나라에게 져온 지 오래라고 말한다. 트럼프의 구호는 '다시 미국을 위대하게'이다. 많은 사람들은 트럼프의 구호를 따랐다. 미국은 변하고 있고 변해야 한다. 왜 미국의 변화와 승리를 염원하는 가는 한국은 미국과 떼려야 뗄 수 없는 우방이기 때문이다. 그렇지 않더라도 세계의 중심인 미국이 망한다면 세계는 분명 망할 것이다.

트럼프의 약점

트럼프는 속물이다. 돈과 여자, 권력을 좋아한다. 이를 부정하지는 못할 것이다. 그는 미스 USA 미스 유니버스대회를 개최하기도 한다. 얼굴 예쁘고 몸매 좋은 모델 같은 여자를 좋아하기도 한다. 돈에 대한 욕망은 강해 돈은 11조 원을 모았다. 권력욕도 강해 계속되는 비난에도 불구하고 미국 대통령의 자리에 까지 올랐다. 그는 속물의 결정판이다.

하지만 일반 대중을 살펴보면 누구도 속물 아닌 사람은 없다. 돈, 사랑, 권력은 누구나가 좋아하는 것이다. 일부의 종교인들은 다르지만 속물보다 더 속물적인 종교인들도 많은 형편이다. 테레사 수녀님 같은 사람이어야 트럼프를 비난할 수 있다. 실제로 테레사 수녀님은 비난하지 않으

시겠지만 말이다.

트럼프는 억만장자인 만큼 책임을 다하고 있다. 자선단체에 기부도 많이 하였다. 억만 장자일수록 기부를 많이 하는 것이 미국에는 보편화되어 있다. 그는 일자리를 만들고 약자를 보호하며 많은 긍정적인 일을 했다. 그렇기에 돈도 많이 벌었고 크게 성장할 수 있었던 것이다. 그런 면에서 트럼프의 속물적인 모습은 그의 약점이 아니라 그를 키운 성장 동력이라고 보아야 할 것이다.

트럼프의 명암

이 글의 시작은 트럼프로부터 배우기 위함이었다. 트럼프는 사업적 재능을 가졌고 대통령에 당선되기까지 정치적 능력도 갖추었다. 그 집권 능력은 아직 미지수이지만 그는 매우 뛰어난 사람임은 분명하다. 하지만 트럼프가 세계 대통령이 되면서 걱정되는 부분도 없지 않다. 많은 책에서는 그에 대해 다루었는데 기존의 미국이 진보시켜 온 다양성, 소통, 협력, 민주적인 협상 등의 다양한 좋은 가치들이 퇴색되어 가고 있다는 것이다. 자국민의 이익만을 우선시 하는 트럼프가 미국에서는 인기를 끌지는 모르나, 세계의 다른 국가들의 관점은 다를 수 있다는 것이다. 자국민의 흑인, 히스패닉 계열과도 타협하지 못하는 트럼프가 다른 나라와의 관계를 잘 이끌어나갈지는 미지수이다.

하지만 최근의 성과라고 볼 수 있는 북미 회담 등은 트럼프가 트럼프

방식으로 문제를 해결해나가고 있음을 보여준다. 그들은 민주진영에서 바라보듯이 그렇게 멍청하거나 돌발적인 인사가 아니며 오히려 끈기 있고 성실한 성품을 정치에서도 보여주는 트럼프만의 정치 방식일 것이다.

환경 문제에 대한 무지

트럼프는 환경 조약을 탈퇴하겠다고 선언했다 그는 자국의 에너지 자원을 활용해서 이득을 보기 위해 그 조약은 무시해도 좋다고 말했다. 그것이 환경 보호론자들의 잘못된 주장이라는 것이었다. 이는 많은 국가들이 석유, 석탄 에너지를 쓰지 않고 친환경 에너지를 찾아 개발하고 사용 비중을 높여가는 것과 완전히 반대로 가는 길이다.

이는 너무도 이기적인 행태이기 때문에 사회의 비난을 받지 않을 수 없을 것 같다. 트럼프는 자국의 사람들이 당장 죽어가는데 환경오염이 무슨 상관이겠느냐는 식으로 말한다. 그의 주장에 따르면 기후 변화란 늘 있는 일이고, 지구는 여러 번의 빙하기도 거쳤다는 것이다.

트럼프의 못 다한 이야기

트럼프의 인용구

트럼프는 고무적인 인용구들이 담긴 책을 곁에 둔다. 여기
서는 그가 즐겨 새기는 인용구 몇 가지를 소개하려고 한다.

네가 하는 일에 관해서는 최대한 모든 것을 알라.

-나의 아버지, 프레드 트럼프

나는 성공을 위해 치러야 할 대가를 안다. 헌신, 근면,

그리고 실현하고자 하는 일에 대한 전념이다.

-프랭크 로이드 라이트

지도자는 패배할 권리는 있으나 놀랄 권리는 없다.

-나폴레옹

비즈니스 세계에서 흥분이란 어리석은 단어다.

-프레드 트럼프

힘이나 지능이 아닌 부단한 노력이 잠재 능력의 빗장을 푸는 열쇠다.

-윈스턴 처칠

트럼프 시대에 한국의 대응

1) 나는 우리나라 미래가 걱정이다

몇 십 년 안에 우리나라가 망할 것 같은 기분이다. 그도 그렇듯이 중대한 여러 문제가 산적해있는 것이 우리나라이기 때문이다. 나는 나라를 이끄는 정치인들이 잘해 나가기를 바라나 지금 그들이 하고 있는 것으로 보아서는 그것이 힘들어 보인다.

2) FTA 재검토

트럼프는 한미FTA를 재검토해야 하며 현재의 FTA는 미국인들의 일자리를 빼앗는 것이라고 주장한다.

3) 주한 미국 방위 비용 부담

트럼프는 애초의 절반 부담의 방위 비용을 온전히 한국이 부담해야 한다고 주장한다.

4) 안보 무임승차론

트럼프는 한국을 비난하며 한국이 미국에 안보 무임승차했다고 주장한다. 하지만 미군의 남한 배치는 미국에게도 유리한 일이며 이미 비용의 절반을 한국에서 부담하고 있는 상태이다. 따라서 이 같은 상황은 변하기 어려우며 선거가 끝난 현재에 이를 바꿀 것 같아 보이지는 않는다.

트럼프의 자녀 교육

억만장자의 자녀이지만, 트럼프의 자녀는 예산을 세우고 그것을 지킨다. 비상시에 대비하기 위한 몇 장을 빼고는 신용카드도 많이 가지고 있지 않다. 두 아들은 잔디를 깎아서 돈을 벌었다.

실력자 트럼프

트럼프가 실력자임에는 분명하다. 그의 기업 경영능력 정치적 선동력 등 몇몇 능력은 탁월하다. 그가 정책 운영자로서도 능력을 발휘할지는 모르지만 무언가 변화가 일어날 것임에는 확실하다.

중국과의 갈등

트럼프는 세계 2위 국가에서 정상을 넘보고 있는 중국과의 마찰을 피할 수 없을 것 같다. 트럼프는 중국 물품에 관세 45%를 부과한다고 했고, 무역 조약도 수정하겠다고 말한다. 대중 무역에서 적자를 면치 못하고 있는 자국의 기업을 살리기 위함이다.

저자의 이야기

나름 트럼프 연구를 시작하면서 트럼프에게 배우기로 마음먹었다. 나는 배우기로 마음먹으면 배울 수 있는 것은 모조리 배우는 습관을 지니고 있다. 내가 눈여겨보았던 것은 그가 파산 위기에 처하면서 큰 실패를 하던 처지의 상황이었다. 그는 포기하고 굴복하는 대신에 자신의 비전과 꿈을 포기하지 않았다. 큰 금액이라는 압박감이 있었음에도 불구하고 그것을 이겨낸 것이다. 놀라운 것은 그 상황에서 그는 긍정적이었다는 것이다.

나는 트럼프의 저서를 10여 년 전부터 읽어왔으나 본격적으로 배워보기로 한 지는 별로 오래되지 않았다. 나는 트럼프를 미국 대통령으로 재검토하며 그의 삶 속에서 배울 것을 모조리 배우기로 마음먹었다. 난 더이상 미래가 겁나지 않는다. 그 이유는 내게는 신념이 있기 때문이다. 나는 성공할 것이고 모든 것이 형통하며 잘 풀릴 것이라는 신념이다.

트럼프 따라 잡기 10

1. 공부하라

오늘의 트럼프가 있기에는 트럼프의 공부가 있었다. 그는 학과 공부에도 소홀히 하지 않았지만 그가 잘한 부분은 보다 실질적인 부분에 대한 공부이다. 그는 세상 공부에 능했던 것이다. 이는 부동산 개발 성공으로 이어졌고 부와 명예를 얻게 된다.

2. 부모로부터 배우라

트럼프가 있기까지는 그의 부모의 영향력이 가장 컸다. 특히 아버지에게 부동산의 기초부터 배움을 통해 다른 부동산 업자들보다 20년 앞서 나갔다. 어머니로부터는 예술성을 물려받아 그의 건축물이 예술 작품처럼 고급스럽고 아름다워지는 데 한몫했다. 누구나 일차적으로는 부모로부터 배운다. 이 기회를 놓치지 말자.

3. 자기편을 만들라

트럼프는 앵그리 화이트층인 백인 노동자편에 섰다. 그가 영리했던 것은 백인층의 비중이 가장 높았다는 것이다. 그는 흑인과 히스패닉 사람들의 적이 되었지만 핵심층에 집중함을 통해 대통령의 지위에 오를 수 있었다. 그러기까지 그는 적을 만드는 것을 두려워하지 않았다. 대신 자신의 확실한 편을 만듦으로써 자신의 지지기반을 공고히 했다.

4. 남들의 시선에 개의치 말라

트럼프가 부상한 것은 그의 막말이다. 그는 막말을 통해 이미지가 실추되었으나 유명세는 더하게 되었다. 그가 남의 시선에 의식했다면 고분고분했을 것이고 그는 부각되지 못했을 것이다. 그는 언론이 기사거리에 이용되었으나 그것을 또 이용하면서 자신을 홍보했다.

5. 스트레스를 해소하라

트럼프의 스트레스 해소법은 일단 일이다. 그는 일에 더 몰두함을 통해 스트레스를 푸는 듯하다. 또한 앞서 말한 바와 같이 골프채를 휘두르면서 스트레스를 푼다. 적절한 운동은 스트레스를 해소하고 일에 더 몰두할 수 있게 만들어준다. 직장일로 스트레스를 받는 직장인이라면 한 가지 취미 운동을 만들라.

6. 일에 집중하라

트럼프가 가장 사랑하는 것은 일이다. 백만장자의 이야기를 들어보면 그들은 돈에 집중하지 않았다고 한다. 그들이 집중한 것은 오직 일이다. 일에 더 몰두함으로써 자신의 가치를 드높이고 그 과정에서 돈은 자연스럽게 따라왔다. 직장인이라면 가장 현실적인 충고가 될 수 있다.

7. 인내하라

트럼프가 가지고 있는 가장 중요한 성품 중에 하나가 인내이다. 인내는

악을 선으로 만들기도 하고 무능력한 자를 능력 있게 만들기도 한다. 오래 참는다는 것 자체가 실력이 되기도 하다. 트럼프는 오랜 시간을 인내했기에 그 열매를 얻은 것이다. 무언가를 얻고자 하는 사람은 무릇 인내하라.

8. 독서하라

오늘날 트럼프가 있기까지 독서의 영향력이 굉장히 크다. 그는 물론 아버지라는 든든한 멘토가 있었지만 자신의 가치를 크게 한 것은 독서 때문이다. 그는 독서를 통해 지식을 쌓았고 독서를 통해 열정을 얻었으며 독서를 통해 인간에 대한 이해를 배웠다. 무릇 위대한 자는 다 독서의 힘에서 온다. 그러니까 성공하고 싶은 자여 오늘부터 독서하라.

9. 포기하지 말라

트럼프가 여러 번의 파산 위기에 처했다는 것을 앞서 말한 바 있다. 주목할 만한 점은 트럼프가 그때마다 포기 하지 않았다는 것이다. 그 상황 속에서도 긍정적인 면을 찾아 회생할 궁리를 하는 게 트럼프의 위기관리 방식이다. 당신의 사업이나 직업 또는 학업에 문제가 있는가 그렇다면 포기하지 말고 어떻게든 돌파구를 찾아 나서라. 포기하지 않는 한 기회는 온다.

10. 상상하라

그의 건축물들은 그의 상상력의 결과이다. 그는 늘 새로운 것을 꿈꿨으며 이 과정에서 필요했던 것은 그의 놀라운 상상력이다. 그는 사람들을 깜짝 놀라게 하는 건물들을 연거푸 지었으며 이 과정을 통해 건축을 예술의 위치에 올려놓았다.

나폴레옹처럼 꿈꿔라

영웅들은 떡잎부터 달랐다는가 씨가 달랐다는 이야기이다. 그런 구조에 식상함을 느낄 수도 있다. 하지만 그렇다고 당신이 기죽을 필요는 없다. 어린 시절에 비범하지 못하더라도 나이가 들어 뜻을 세워 자신의 목표를 달성하는 사람들도 많기 때문이었다. 나폴레옹의 비범함은 어디까지나 인간적인 것들이다.

나폴레옹의 과거

어린 시절

나폴레옹의 어린 시절은 평범하지는 않았다. 그것은 유관순, 안창호, 안중근, 김구 등 우리나라의 위인전에서도 발견할 수 있는 그런 비범함이다. 영웅들은 떡잎부터 달랐다는가 씨가 달랐다는 이야기이다. 그런 구조에 식상함을 느낄 수도 있다. 하지만 그렇다고 당신이 기죽을 필요는 없다. 어린 시절에 비범하지 못하더라도 나이가 들어 뜻을 세워 자신의 목표를 달성하는 사람들도 많기 때문이었다. 나폴레옹의 비범함은 어디까지나 인간적인 것들이다. 그것은 예수나 부처의 신화에서 발견될 수 없는 것이다. 그 역시 평범한 어린아이였고, 어린 시절 프랑스 공부에 열중했다거나, 장군이 되어 모의 전쟁놀이를 이끌었다거나, 코르시카의 독립을 위해 힘쓰겠다고 다짐하는 것들이다.

중요한 것은 나폴레옹은 어린 시절부터 꿈에 빠졌고 그 꿈을 위해 달려가는 인생이었다는 것이다. 하지만 그 역시 행복했던 시절은 단 엿새라고 고백한 것처럼 그의 인생은 세상에 대한 하나의 투쟁이었다. 어떤 점에서는 당신의 인생이 더 행복할지도 모를 일이다. 당신이 평범한 어린 시절을 보냈다고 해서 그저 그런 인생으로 살아가기를 마음먹을 필요는 없다.

나폴레옹은 어린 시절부터 불굴의 투지로 노력하는 인생이었다. 그런 점에서 정주영은 나폴레옹에게 빠진 것일지도 모른다. 빌게이츠는 세상은 원래 불공평한 것이고 그것을 받아들이라는 명언을 남겼다. 세계 제일의 부자의 말이기에 허투루 들을 수는 없는 이야기이다. 당신은 그이야기를 듣고 자신의 처지를 비관하며 보낼 수도 있을 것이다. 하지만 나폴레옹 역시 시작은 매우 불우한 처지였다. 그는 한 식민지의 작은 가정에서 태어났을 뿐이다. 그의 시작은 아마도 당신의 시작보다도 불리한 위치였다. 하지만 그 불리한 위치에서 어떻게 황제의 자리에까지 올랐는지 당신은 궁금할 것이다. 그 이유가 바로 아직도 수많은 사람들이 나폴레옹의 이야기에 감명을 받고 그를 영웅으로 인정하는 이유일 것이다.

내가 이렇게 나폴레옹의 어린 시절을 소개한다면 사람들의 반응은 크게 두 가지로 갈릴 것 같다. 첫째는 긍정적인 사람들이다. 그들은 이렇게 반응할 것이다. 나폴레옹처럼 부족한 입장에서 시작해도 되었는데 나라고 못 할 것이 머가 있어. 다른 한쪽은 부정적인 사람들이다. 그들은 이렇게 반응할 것이다. 나폴레옹은 우리들과는 완전히 다른 사람인데 우리들하고 비교가 되나요. 어떤 쪽을 선택하는 것은 당신의 몫이다. 하지만 인생에서 변화를 만들어내는 사람들은 전자의 반응을 선택한다는 것을 믿기를 바란다. 나는 사람들에게 헛된 희망이나 꿈을 심어주려는 것은 아니다. 알다시피 인생이란 굴곡이 있고 늘 밝은 곳에만 머무는 것이 아니라는 것쯤은 어느 정도 나이가 있는 사람들은 알 것이다. 그런데 당신의 가슴이 늘 어둡거나 답답하다면 당신은 그것을 변화시키려는 노력을 해야 할 것이다. 이를 위해 필요한 것이 꿈과 희망이다. 이는 영혼의 산소라고 부를 수도 있을 것이다. 현실주의자들은 그것들을 내팽개친 지 오래이겠지만, 미래를 바라보는 사람은 그것을 붙잡고 있다.

결국 당신의 꿈대로 이루어질 것이라고 주장한다면 반신반의 하겠지만 진정으로 자신의 꿈을 믿는 사람들은 결국 꿈에 비슷한 인생을 살게 된다. 앞에서도 말했듯이 어느 쪽을 선택하든지 그것은 당신의 몫이다. 그리고 결과 역시 당신의 기대에 따르게 될 것이다.

현재에도 신동들이 많이 태어난다. 그들은 어렸을 때 5개 국어에 능통하기도 한다. 그리고 골목에는 골목대장들이 언제나 존재하며, 집안의 사정이 어려운 사람들도 많다. 하지만 그들 중에서는 일부는 나폴레옹처럼 성공하기도 하며, 어떤 사람은 그대로 재능이 묻히는 경우도 많다. 이것은 나폴레옹의 어린 시절이 그다지 특별할 것은 없었다는 이야기이다.

지금은 돌아갈 수 없는 어린 시절을 생각해보라. 자신에게 어떤 특별한 것이 있었는지 따져보라. 그러면 당신의 미래를 설계하는 데 도움을 줄 것이다. 오프라 윈프리 같은 경우는 어렸을 때부터 말을 잘했다. 결국 자신의 언어 재능을 꽃피우는 방송인이 되어 세계적인 인물이 되었다.

어린 시절에 잘하는 것이 있다면 그것에 따르면 된다. 이는 대체로 예술 분야나 운동 분야에서 두드러지는 경우가 많다. 예를 들어 빅뱅의 지 드래곤은 어린 시절부터 춤과 노래에 재능을 보였고, 어린 시절부터 훈 련을 받게 된 것이다. 이것은 꼭 예술 분야나 운동 분야에 한정된 것은 아니다. 머리를 쓰는 경우를 들어 보자면 바둑이나 장기와 같은 경우에 도 어린 시절부터 그 천재성을 드러내는 경우가 많다. 바둑의 고수 이세 돌과 같은 경우가 그렇다고 볼 수 있다.

하지만 대부분의 평범하고 보통 사람들에게 이런 사람들은 한낱 부러 움의 대상이 될 수밖에 없다. 그렇다면 어린 시절 두드러지고 공부를 잘 하지도 못하고 운동도 못하고, 머리도 좋지 않던 이들에게는 빛이 없는 것인가. 이 책은 그것을 고민하기 위해 쓰였다고 해도 과언이 아니다. 그 리고 인생의 롤 모델로 나폴레옹을 제시하였다.

나폴레옹의 이야기를 들은 적이 없는 사람은 없을 것이다. 그가 했던 말 "나의 사전에 불가능은 없다."라는 말도 들어봤을 것이다. 이 말은 괜 히 나온 이야기는 아니다. 그것은 나폴레옹의 전 인생을 꿰뚫는 말이라 고 할 수 있을 것이다.

당신의 삶에도 문제는 있을 것이다. 그것은 세상을 향하는 분노나, 부 모나 가족을 향한 원망일 수도 있다. 하지만 그러한 것들에 주저 않아서 는 안 된다. 나폴레옹 역시 한 인간으로서 인간적인 모든 감정을 피할 수 없는 사람이었다. 그런데도 그는 어떻게 세상의 중심에서 흔들리지 않고 일어설 수 있었을까. 그 비결은 대단한 것은 아니다. 그 비결은 독서에 있다. 그는 어린 시절부터 책을 읽음으로써 마음속에서 일어나는 갈등과

번뇌를 벗어날 수 있었다. 어린 시절에 익힌 독서 습관은 그가 장교가 되어서까지 이어진다. 어린 시절에 했던 독서는 그를 학업의 우수자로, 사고가 활발한 인간으로, 남들과 차원이 다른 인간으로 성장하는 데 도움을 주었다.

이어령 씨는 말한다. 천재란 다른 사람을 뜻하는 것이 아니라 어렸을 때부터 어려운 책을 읽는 사람이 천재가 된다고 말한다. 어린아이가 그런 어려운 책을 읽을 수 있을까. 놀랍게도 그것은 가능하다고 한다. 책을 읽다가 막히는 부분이 있으면 어린아이는 그 부분을 상상력으로 채운다. 그 결과 지식뿐만 아니라 상상력이 폭넓게 발전되는 것이다. 나폴레옹 역시 어린 시절 독서의 효과를 보았던 것 같다.

어린 시절 아이들은 주로 놀이에 빠지게 된다. 옛날 같은 경우 여럿이 어울러 놀기를 선호하였으나 컴퓨터나 스마트폰의 발달 등으로 개인적인 놀이를 하는 경우가 많아졌다. 이는 아이들의 사회성 발달을 막는 것이라고 볼 수 있다. 나폴레옹과 같은 경우는 전쟁놀이를 통해 사회성과 리더십을 동시에 길렀다고 볼 수 있다.

여기까지가 나폴레옹의 어린 시절의 이야기이다. 이 시절은 그의 인생사를 놓고 보았을 때 아주 작은 부분에 불과하다. 그 시절 그 어린 꼬마 아이가 황제의 자리에 오르리라고 보았던 사람은 아마도 거의 없었을 것이다. 하지만 이 소년의 마음속에는 그때부터 지도자가 되리라고 마음을 먹었을 것이다. 그랬기에 그는 친구들의 따돌림에도 굴하지 않고, 독서에 집중하여 내실을 키웠던 것이다.

장교 시절

나폴레옹은 16살의 나이로 소위에 임관하게 된다. 그로서는 하나의 큰 진전이라고 볼 수 있다. 아무것도 아닌 존재에서 여러 사람을 이끄는 자리에 올라서게 된 것이다. 그것은 대단한 자리는 아니었으나 그에게는 하나의 진보를 나타낼 수 있는 자리였다. 하지만 그가 처한 사실은 크게 변하지 않았다. 그는 사회의 중심에 서지 못했고, 다른 사람과 잘 어울리지 못하고 있었다. 나폴레옹은 인사이더가 아니라 아웃사이더였던 것이다. 다른 사람들이 사교생활을 하거나, 술집에 갈 때 나폴레옹은 홀로 방안에서 책을 탐독하고 있었다. 그것은 자의적이었든지 반타의적이었는지는 알려지지 않았다. 하지만 분명한 것은 나폴레옹은 고립되어 있었다는 것이다. 하지만 그 고립은 결코 피폐한 상태로 이끌지는 않았다. 그는 책 속에서 새로운 세계를 꿈꾸고 있었다. 그가 꼭 새로운 세계를 꿈꾼 것은 아니었다. 그가 읽은 책은 그의 상상력을 키웠고 그의 세계관을 넓혀주는 데 기여했다는 것은 분명하다. 그는 새로운 세계 속에 흠뻑 젖어 있었고 이는 그가 황제가 되어 세계를 정복하는 데 큰 기반이 되었다.

물론 나폴레옹의 장교 시절은 오늘날과는 다를 것이다. 하지만 그 근본 이치는 똑같았다고 할 수 있다. 나는 현역도 아니었고 ROTC도 아니었기 때문에 정확히 그 사정은 모른다. 하지만 책을 통해 나폴레옹의 사고를 추측할 수는 있었다. 초기에 나폴레옹은 병사들의 마음을 얻지 못했다. 하지만 나폴레옹은 차츰 연설과 리더십에 기술을 발휘하면서 병사들의 마음을 점령하게 된다. 그것은 타고난 것일 수도 있고 독서를 통해 길러진 것일 수도 있다. 사람들의 언어 실력은 그가 사용하는 어휘의 양에 따라 좌우된다고 할 수 있다. 일류 소설가의 경우 다채로운 언어를 자유롭게 구사하기에 언어 능력이 상위에 속한다고 볼 수 있다. 독서를 하거나 제2외국어를 익히면 사용하는 단어가 넓어지기 때문에 언어 능력도 함께 증가한다고 한다. 나폴레옹 역시 독서의 효과를 보았을 것이다. 또한 어린 시절부터 길러진 타고난 리더십의 바탕으로 병사들의 마음을 장악하기에 이른 것이다. 그에게 여자를 사귀고 싶다거나 하는 성적 욕구가 없었던 것은 아니다. 그는 후에 조세핀 등 여러 여자들과 결혼했던 사람이다. 하지만 소위에 있던 나폴레옹은 그 욕구를 누르고 자신의 발전에 온힘을 쏟았다. 그것은 사회 여건상 어쩔 수 없는 것이었을 수도 있지만 본인의 의지가 발동한 결과로도 볼 수 있다.

한때 마시멜로 이야기가 인기를 끌었던 적이 있다. 그 이야기를 쉽게 요약하자면 다음과 같다. 한 연구진이 아이들에게 마시멜로를 나누어주고 먹지 않고 기다린다면 마시멜로를 더 주겠다고 약속을 하였다. 시간이 지나고 한 부류는 참지 못하고 먹어버렸고 한 부류는 참고 기다려서 더 많은 보상을 얻어냈다고 한다. 나중에 그 아이들을 추적한 결과를 보면 참고 기다린 아이가 사회적 성취를 더 이루었다고 한다. 이 짧은 이야기가 주는 교훈은 다음과 같다. 만족지연은 그 성과를 높여준다는 것이다. 참고 기다린 자가 결국은 더 성공한다는 교훈을 남겨주고 있다. 이것은 별로 색다른 이야기는 아니다. 2500년 전 붓다는 깨달음을 이루는 길은 오직 인욕, 즉 참는 것에 달려있다는 것을 말하였다. 결국 2500년 전의 불교 철학은 오늘날의 사람들에게 성공의 길을 알려주고 있다고 볼 수 있다. 나폴레옹 역시 그것을 장교 시절부터 체득하고 있었던 듯하다. 그렇기에 그는 놀거나 자멸할 수도 있는 상황에서 꿈을 버리지 않고 그곳을 향해 줄기차게 달려갔던 것이다.

여기서 꿈의 이야기를 하자면 나폴레옹은 어렸을 때부터 꿈이 있었다. 그것은 조국 코르시아 의 독립을 위해서 살겠다는 것이었다. 그의 꿈은 하나의 사명이 되어 그의 인생을 조금도 허투루 살지 않게 만들었다. 그는 장교 시절 그 꿈을 이루기 위해 박차를 가했던 것이다.

꿈에 관한 책은 시중에 여러 책이 나와 있으므로 여기서는 강조하지는 않겠다. 하지만 꿈의 위력에 대해서는 많은 사람들이 인정하는 것일 것이다. 나폴레옹은 꿈의 화신과도 같은 존재였다. 꼭 꿈이 있어야 하느냐에 대해서는 사람들 간 의견이 갈릴 것이다. 꿈 없이 살아도 좋다는 사람도 있고 꼭 꿈을 추구해야 한다는 사람도 있다. 배우 황정민 같은 사람은 꿈을 강조하는 사람이다. 꿈이 있었기에 오늘날의 성공이 있었다고 그는 말했다. 반면 강호동 씨 같은 경우 부모의 의지에 의해 씨름을 하게 되었고 우승자가 되었다. 하지만 그것은 강호동의 꿈은 아니었다. 그는 MC로의 새로운 꿈을 꾸었고 결국 그 꿈을 이룬다. 여기서 보았을 때 진정한 행복이란 자신의 꿈을 이루었을 때 쟁취할 수 있다는 것을 보여준다고 볼 수 있다.

남 보기 좋기 위해 자신의 틀을 세우는 사람은 사회적으로 인정받을 수 있으나 진정한 행복을 얻기 힘들다는 이야기이다. 물론 그 사람들은 사회적으로 인정받고 잘산다. 하지만 그 결과는 좋지 않고 뒤늦게 방황에 빠지는 경우도 많다.

한 주부는 결혼하고 나서 마음의 혼란에 빠졌다고 한다. 그도 그렇듯이 그녀가 태어나서 한 일은 거의 없고 부모가 시키는 대로 해서 좋은 혼처에 가서 결혼한 것이 전부였던 것이다. 남편이 잘해줄지라도 그녀의 가슴은 늘 허전하고 우울한 감정이 들었다고 한다. 그녀에게 필요한 것은 자신만의 꿈을 찾는 것이다.

예전에는 먹고살기가 급했기에 꿈을 추구하는 것은 바보처럼 보일 수도 있었다. 하지만 지금 사회는 갈수록 꿈이 강조되고 있다. 여러 꿈 전문가들이 많이 활동하고 있기에 여기서는 간단히 꿈의 소중함을 언급하고 넘어가려고 한다.

성공 비결 1- 만족하지 마라

아이폰, 아이패드, 아이팟을 연거푸 발매하며 세계를 변화시킨 스티브 잡스가 남긴 말은 "be foolish be hungry."이다. 그것은 배고픈 상태로 남으라는 것이었다. 그것은 히딩크가 말한, 나는 아직도 배가 고프다와 마찬가지의 이야기이다. 나폴레옹 역시 자신의 인생이 불만족했을 것이다. 그가 자신의 인생에 만족했다면, 술집이나 사교계 모임에 빠져서 행복하게 지냈을지도 모른다. 하지만 그에게는 자신의 현실을 개선하고자 하는 의지가 있었다. 비록 보잘것없는 존재의 소위에 불과했지만 그는 그때부터 나라를 이끄는 장군이 되고자 마음먹었을지도 모른다.

그렇게 세상과 함께 호흡하지 못하던 나폴레옹은 잇따른 전투에 승리하며 주목을 받게 된다. 그는 결국 세상을 장악하게 된 것이다. 훗날 이런 나폴레옹의 정신을 따라하는 사람은 많았다. 그들은 나폴레옹의 이야기를 읽고 감흥받으며 그와 같이 살겠다고 다짐했다.

현대 사회는 아직도 전쟁과 전투가 일어나고 있지만 이는 비즈니스 세계 역시 마찬가지이다. 비즈니스 세계에서 장군은 CEO와 같다. 한 군대를 책임지듯이 한 회사를 책임지고 있는 CEO들은 전투에 나선 장군과도 마찬가지이다. 이런 CEO에게 필요한 것은 나폴레옹처럼 지치지 않는 열정과 비상한 두뇌일 것이다.

이청준의 『당신들의 천국』을 읽은 적이 있다. 병자들의 섬에 갓 부임한 조백헌 대령은 그들을 위해 낙원을 건설하기로 한다. 하지만 그 낙원은 그의 낙원이었고 그것은 병자들이 보기에는 당신들의 천국이었던 것이다. 결국 병자와 조백헌 대령은 함께 호흡하지 못하고, 결국 조백헌 대령의 의지는 실패하고 만다. 나폴레옹 역시 자신만의 세계를 꿈꾸었다면 병사들의 호응을 받지 못하고, 그저 혼자 독불장군으로 끝났을 지도 모른다. 하지만 나폴레옹은 달랐다. 나폴레옹은 병사들을 고무시켰고 그들의 꿈과 함께했다. 그것이 전쟁의 승리를 불러왔음은 물론이다.

흔히 군대는 지옥으로 묘사되기도 한다. 필자 역시 훈련병 시절, 지옥에 있는 듯한 느낌을 받은 적도 있다. 그런 군대라는 집단을 안정적으로 이끌었던 나폴레옹은 병사들에게 신과 같은 존재였을 것이다.

나폴레옹의 세계관

나폴레옹의 세계관에 대해서는 잘 알려진 바는 없다. 그는 특별히 종교를 믿었던 적은 없었던 것 같다. 이는 신을 믿었던 처칠과는 대비되는 모습이라고 볼 수 있다. 그렇다면 그의 세계관은 무엇일까. 그는 '내 사전에 불가능은 없다'고 말했다. 그는 신을 자청하며 스스로를 믿었을 가능성이 높다. 이는 자신감이 높은 사람에게 나타나는 증상 중의 하나이며 그가 조울증을 앓았다는 설도 있다. 그는 조증에 빠질 때는 신처럼 자신감 있게 모든 일을 행하다가 갑자기 열 몇 시간이 넘도록 잠에만 빠져있기도 하였다.

그는 세계를 하나로 통합하고자 하는 욕구에 시달렸을 것이다. 이는 그가 유럽을 정복하고자 했던 노력에서 알 수 있다. 그의 노력은 러시아 정벌에까지 나서게 하지만 결국 그것은 그에게 자충수가 되어 그의 몰락을 알리는 사건이 되고 말았다.

그의 세계관은 다분히 그의 독서에서 온 것이다. 그가 읽은 책 속의 세계는 그가 정복한 세계보다도 훨씬 넓었다. 그는 전장에까지 최신 책을 실은 채 가서 책을 읽을 정도로 독서 중독자였다. 이는 그가 단순히 책을 좋아함을 넘어 완전히 책에 몰두했다는 것을 볼 수 있다. 책은 그에게 휴식처이자 새로운 전략을 구성하는 창고 역할을 했음에 분명하다.

그는 어떻게 비상하였나

하늘의 제왕은 독수리이다. 다른 생물체들이 많지만 하늘의 왕자인 독수리의 자리를 뺏기란 쉽지 않을 것이다. 과거에는 익룡과 같은 공룡새들도 있었지만 지금 시대에는 독수리처럼 맹금류가 하늘의 제왕이다. 나폴레옹은 코르시카의 작은 섬에서 태어난 촌뜨기였으나 온갖 불리한 환경과 역경을 딛고 프랑스 황제의 자리에 오른다. 어떻게 그 일이 가능했을까.

가난한 집안에서 태어나 성공한 자가 된다는 스토리는 여러 소설이나 자서전 등에서 널리 사용되는 이야기 구성이다. 우리나라의 경우에도 정주영 씨나, 이명박 씨와 같은 사람의 자서전을 읽어보면 그런 패턴을 발견할 수 있다. 나폴레옹 역시 그러한 패턴을 벗어나지는 않는다. 그가 이룩한 결과물이 상상 외로 놀라울 따름이다. 그 역시 고난과 역경을 겪고 세상의 왕 자리에 오른 것이다. 어떻게 가능했을까. 신의 따뜻한 손길이 인도한 것일까. 아니면 개인의 신념과 투쟁으로 그것을 이룩해낸 것일까.

여기서 찾아낼 수 있는 결론은 운과 능력의 결합이라는 식상한 결론이다. 사업에서의 성공은 운칠기삼이라고 한다. 이와 마찬가지라 한 인간이 한 사회 내에서 얼마나 성공을 이루어낼 수 있는가는 운과 능력의 결합이라고 볼 수 있다. 말콤 글래드웰은 '1만 시간의 법칙'이라고 해서 1만 시간의 집중적인 노력이 성공의 결과라고 말하지만, 1만 시간 동안 한 분야에 몰두할 환경이 구축되지 않으면 그것이 소용없어진다. 즉 1만 시간 동안 한 분야에 집중할 수 있는 환경을 타고나는 것이 바로 운인 것이다.

나폴레옹은 태어나서부터 자신의 야망을 향해 끊임없이 질주했으며 그것이 1만 시간 이상 쌓였음은 분명하다. 그는 태생적인 불리함으로 기가 죽거나, 패배적인 태도를 보일 수도 있었으나 강한 신념으로 그것을 극복해낸 것이다. 여기서 그의 위대성을 볼 수 있고 많은 사람이 그의 삶을 닮고자 하거나 놀라는 이유일 것이다.

신이 나폴레옹을 선택했을 가능성은 알 수가 없다. 하지만 분명한 것은 나폴레옹과 같은 환경에 처한 사람들이 많았으나 오직 그만이 황제에 자리에 올랐다는 것이다. 그것은 그것이 단지 신의 인도하신 것뿐만 아니라 개인의 불굴의 의지와 노력이 필요했다는 것을 의미하는 것일 것이다.

세상 사람들이 꿈꾸는 것은 돈과 명예를 가질 수 있는 왕과 같은 자리이다. 그것은 역사적으로 평민이나 귀족이나 늘 꿈꾸던 것이기도 하다. 그런 점에서 나폴레옹의 목표는 그리 새로울 것은 없으나 그가 극복해낸 것은 분명 자신을 이기고 세상의 지배자가 되었다는 것이다. 학창 시절에는 그 난관이 시험이었다면 장교가 되어서는 전투가 되고, 더 높은 자리에 올라서는 정치적인 것들이 되었을 것이다.

나폴레옹은 단지 꿈만 꾸는 사람은 아니었다. 그는 현실주의자였고, 자신이 맞닥들인 순간의 현실 현실에 충실했다. 그것은 리얼리스트가 되자는 체게바라의 정신과 동일한 것이라고 볼 수 있다. 체게바라보다 나폴레옹이 더 먼저 살았으므로 체게바라가 나폴레옹에게 배운 것일지도 모른다.

이런 나폴레옹의 비상 스토리는 자라나는 어린이나, 청소년, 혹은 성인들에게 꿈과 희망을 주기에 충분한 것이다. 자신이 이민자의 아들도 아니고 멀쩡한 집안에 태어난 사람이라면 분명시작은 나폴레옹보다 훨씬 더 좋은 것이 분명하기 때문이다.

이런 불리한 위치에 있었던 현대 인물로는 오바마를 들 수 있다. 그는 이민자의 아들로, 좋지 않은 환경이었으나 공부에 집중해 미국 대통령의 자리에까지 오른다. 그것은 하나의 희망이며 이 이야기는 그의 자서전 등에 자세히 소개되어 있으므로 여기서는 간단히 설명하고자 한다.

성공 비결 2- 그는 머리가 좋았다

나폴레옹은 야인시대의 김두환처럼 싸움을 잘하는 스타일은 아니다. 싸움 실력으로 두목이 된 것이 아니라는 뜻이다. 그렇다면 나폴레옹은 어떻게 여러 사람을 거느리는 장군이 될 수 있었을까. 그것은 그의 빛나는 두뇌 때문이다. 나폴레옹이 처음부터 머리가 좋았던 것은 아니다. 나폴레옹의 학교 초기 시절의 성적은 좋지 않았고, 공부에 모든 것을 바친 다음에야 학교에서 주목을 나타내기 시작했다. 그것은 그가 공부와 같이 행했던 독서에서도 그 비결을 살펴볼 수 있다. 그것은 그가 타고난 천재가 아니라, 공부와 독서로 인해 길러진 천재라는 것을 말하는 것이다.

물론 그는 프랑스어를 익히는 데 타고난 재능을 발휘한 적이 있다. 그것 역시 그가 목숨 걸고 노력을 했기에 이룰 수 있었던 것이라고 생각된다.

그는 병사가 아니고 장교였다. 그것은 그가 직접 싸우는 것뿐만 아니라 전략과 전술을 잘 짜야 하는 존재였음을 의미한다. 나폴레옹은 전략과 전술에 대한 책을 읽고 그것을 실전에 활용하는 데 능숙했기 때문에 백전백승을 할 수 있었던 것이다. 결국 그의 성공은 그의 뛰어난 두뇌에 있었던 셈이다. 그는 키가 작은 약점이 있었지만 그는 그 약점에 굴하지 않고 장군으로서의 능력 발달에 힘썼고 결국 훌륭한 장군이 될 수 있었다.

그렇다면 어떻게 두뇌를 좋게 할 수 있을까. 여기서 말하는 머리 좋게 만드는 것은 천재를 의미하는 것은 아니다. 수학이나 물리학 분야와 같은 분야에서의 천재는 분명 타고나는 것이다. 그런 천재를 보면서 절망할 필요는 없다. 많은 학술적 분야에서 머리는 일반 지능 수준 이상이기만 한다면 얼마나 집중하고 파고드느냐에 따라서 그 성패가 엇갈리기 때문이다. 실제로 노벨상 수상자들은 멘사 회원처럼 머리가 좋은 사람이 아니라 평범한 지능의 소유자가 많다고 한다.

나폴레옹 역시 분명히 천재로 태어난 것은 아니었으나 노력을 통해서 군사 분야에서는 뛰어난 능력을 발휘했던 것으로 보인다.

성공 비결 3- 그는 필사적인 노력을 했다

나폴레옹은 우리들과는 다를 거야. 씨가 다른 거지. 라고 생각하는 사람에게는 다음과 같은 이야기는 희망을 줄 것이다. 나폴레옹은 어려서부터 그렇게 뛰어나지 않았으며, 필사적인 노력을 통해서 자신을 가꾸어갔다는 것이다.

앞서 말한 바와 같이 그는 초기에 학교 성적이 뛰어나지도 않았고, 그저 전쟁놀이에서 아이들을 이끄는 데 조금 소질이 있는 정도의 아이였다. 코르시카에서 태어나서 프랑스어를 다시 배워야 했고, 그는 어눌한 발음 때문에 왕따를 당하는 불쌍한 아이였을 따름이다.

그것은 어린 시절부터 학교 시험에서 일등을 하고 반장을 주로 맡았던 사람보다 훨씬 못한 처지라고 볼 수 있다. 하지만 그 사람들은 다 어디로 가고 나폴레옹은 황제의 자리에 올랐는가. 그것은 그들이 자신의 자리에 만족하고, 현실을 수용하고 있을 때 나폴레옹은 혁명을 꿈꾸었다는 점에 차이가 있다. 나폴레옹의 필사적인 노력은 이들을 따라잡았고 그가 읽었던 책들은 그가 새로운 세계의 혁명가가 되게 만들어주었다.

나폴레옹은 과거를 회고하며 행복했던 날은 단 엿새에 불과하다고 말했다. 그가 사람들과 어울리며 현재를 즐겼다면 행복한 날들은 더 많았을 것이다. 그것은 그가 현실과의 치열한 투쟁으로 하루하루를 보냈음을 의미한다. 그것은 그가 타고난 능력가가 아니라 수없이 많은 노력을 통해 자신을 신과 같은 사람으로 만들었다는 것을 의미한다.

흔히 천재는 타고난 것으로 여겨지나 긴 인생을 놓고 보았을 때 둔재의 필사적인 노력이 천재를 따라잡는 일이 발생하기도 한다. 물론 모든 영역은 아니다. 하지만 한 분야를 잡고 계속 노력하는 이들은 결국 그 분야의 최고의 자리에도 오르기도 한다.

그것은 재능을 탓하기 전에 한발 더 노력하라는 뜻이기도 하다. 이런 말을 한다면 흔히 사람들은 모차르트와 살리에리의 이야기를 떠올릴 수도 있을 것이다. 천재인 모차르트에게 평생 열등감을 느끼며 그를 따라잡지 못했던 살리에리와 같은 사람을 떠올리는 것이다. 하지만 모차르트는 타고난 천재는 아니었다. 음악가였던 아버지의 영역으로 다섯 살 때부터 음악 교육을 받았던 만들어진 천재이다. 물론 그의 유전자는 아버지를 닮아 음악적으로 어느 정도의 소질을 타고난 것임에 분명하다. 이런 경우는 피카소의 경우도 마찬가지였다. 그 역시 말을 배우기도 전에 붓을 잡았기에 놀라운 미술적 성과를 거둘 수 있었던 것이다. 타이거 우즈나 마이클 잭슨도 마찬가지의 이야기이다.

옛말에 둔한 말도 열흘간 끌면 준마와 비슷하다는 이야기가 있다. 그것은 능력이 부족하더라도 끈기 있게 노력하면 능력 있는 사람과 동일한 일을 할 수 있다는 이야기이다.

미술 분야에서는 피카소와 같은 사람을 떠올리기 쉽지만 반대로 반고흐를 떠올릴 수도 있다. 그는 목사를 꿈꾸었기에 미술 교육은 제대로 받아본 적도 없는 사람이었다. 하지만 갑자기 붓을 잡고 그림에 몰두하면서, 그의 생애에는 인정받지 못했지만 후세에 가장 뛰어난 작품으로 인정받고 있다.

이처럼 사람의 능력이란 신비하고 예측 불허하기 때문에, 당장에 잘하는 것이 없다고 절망할 필요는 없는 것이다. 사람은 무한한 능력을 가지고 있다. 이는 불교에서도 말하는 것이기도 하고, 최근의 NLP전문가인 앤서니 라빈스가 말하는 내용이기도 하다. 꿈꾸면 이루어질 수 있고, 노력하면 가능하다. 그것이 요즘에 말하는 긍정심리학의 내용일 것이다. 노력 이야기에 스포츠 스타 역시 빠질 수 없을 것이다. 대표적인 우리나라 선수로는 박지성을 들 수 있을 것이다. 그는 노력을 통해 자신을 극복해냈던 선수이다.

나폴레옹은 가난했다

현대 자본주의 사회는 완전히 인간을 돈의 노예로 만든다. 그에 따라 가진 돈의 액수에 따라 사람을 분별하는 일까지 이루어진다. 이런 돈 중심 사회는 인간을 소외 시키며 마음을 삭막하게 만든다. 이런 사회에도 돈이 없다는 것은 인간성을 상실하게 만들고 자신감을 잃게 만드는 일이기도 한다. 돈이 없으면 마음이 위축되는 사회인 것이다. 하지만 이것은 자본주의 사회인 현대에만 그러는 것은 아니다. 먼 옛날부터 돈은 중시되었으며 돈을 많이 벌겠다는 것은 사람들의 기본 마인드였다. 나폴레옹 시절에도 분명 예외는 아니었을 것이다.

이런 사회에서 나폴레옹 역시 가난했다. 그것은 어린 시절 학생 때뿐만 아니라, 장교가 된 다음에도 그러했다. 장교의 월급으로는 사교생활과 유흥을 즐길 수는 없었다. 그는 적은 돈을 모아 책을 사보는 데 힘을 쏟았다. 그것은 그가 선택할 수 있는 최선의 선택이었을 것이다. 그것은 그는 부자는 아니었으나 결코 가난 앞에 무릎을 꿇지는 않았다는 것을 의미한다. 그는 황제가 된 뒤에도 호화생활을 즐기거나 하지는 않았다. 그것은 그가 젊은 시절부터 돈의 노예가 되지 않고 돈을 극복했다는 것을 의미한다. 오히려 그의 어려운 과거는 황제가 된 뒤에도 나라를 잘 이끌게 만드는 동력이 되었다.

우리 집은 가난해서 나는 안 된다고 생각하는 사람이 있다면 나폴레옹의 정신을 배우기를 바란다. 앞의 머리말에 정주영 씨의 이야기가 바로 그 이야기이다. 정주영 씨 역시 인천 부두의 노동자로 시작했으나 가난에 굴하지 않고 자산을 쌓아 대재벌에 이른 사람이다. 물론 그 반대의 경우도 있다. 이병철 씨와 같은 경우는 집안에서 현재 가치의 11억 정도의 재산을 받아 사업을 시작하는 경우이다. 하지만 대부분의 사람들은 그렇지 않을 것으로 보인다.

일견 한 책의 제목처럼 가난하다고 꿈조차 가난할 수는 없는 것처럼, 가난이 자신의 꿈을 제약하지 않기를 바란다.

성공비결 4- 그는 자신감이 있었다

나폴레옹은 자신감이 있었다. 그것은 그가 말한 '나의 사전에 불가능은 없다'라는 말 속에 함축되어 있는 것이다. 그의 자신감은 이 한마디에 함축되어 있다. 그가 어린 시절부터 자신감에 차있었던지 아니면 성장하면서 자신감을 획득했는지는 알 수 없다. 분명한 것은 그는 전쟁에서 승리를 거두면서 확고한 자신감을 구축한 것 같다. 그렇다면 그의 자신감은 어디에서 온 것일까. 그것은 타고난 것일 수도 있고 길러진 것일 수도 있다. 그것은 크게 세 가지에서 온다고 보인다. 그것은 유전, 독서, 승리경험이 그것이다.

첫 번째 살펴볼 것은 유전이다. 게놈 프로젝트의 결과로 유전자 지도가 밝혀진 바 있다. 하지만 각 유전자의 기능에 대해서는 아직 밝혀지지 않았다고 보인다. 이런 유전은 일생을 거쳐 한 인생의 전반적인 부분에 큰 영향을 미치고 있다고 보인다. 그는 예술가적인 기질인 우울하거나 감정에 민감한 센티멘탈한 성격은 아니었던 것으로 보인다. 그가 만약 이러한 기질을 가졌더라면 그의 독서와 결합되어 문학인이 되었을 가능성이 높다. 하지만 그는 현실적인 기질을 지녔고 그가 법률에 능통한 장군이 되도록 만들었다. 그의 자신감은 어느 정도 타고난 그의 유전자적 기질에서 왔다고도 볼 수 있다. 두 번째 볼 것은 바로 독서이다. 독서의 효과에 대해서는 널리 알려져 있지만 그것은 마인드를 바꾸는 데도 도움을 준다. 약 2,000권의 독서를 하게 되면 자신을 부정하거나, 운명 탓을 하지 않고, 세계를 긍정적으로 바라볼 수 있는 긍정의 정신을 싹트게 만든다. 이러한 독서의 효과를 본 사람으로는 기업인들이 많다. 병상이거나, 아니면 실직한 상태에서 도서관에서 독서에만 몰입해 수천 권의 책을 보고 나서 기업을 만드는 창업주가 된 경우가 많은 것이다.

마지막으로 그에게 자신감을 확신케 만들었던 것으로 보이는 것은 승리 경험이다. 그는 전투에서 승리하면서 완전한 자신감을 획득한 것 같다. 이것은 자신감이 승리 체험에서 오는 것이라는 것을 증명하는 것이기도 한다. 어릴 때부터 작은 승리의 경험이 많은 사람은 나이가 들어서도 자신감을 온전히 유지할 수 있게 된다.

나폴레옹의 마음

나폴레옹의 마음 관리

　　나폴레옹 역시 한 인간으로서 인간이 겪어야 할 모든 고뇌를 겪었을 것이다. 그렇다면 그는 어떻게 마음을 관리해서 흔들리지 않고 오직 목표만을 향해 줄곧 나아갈 수 있었을까. 현대의 마음 관리 방법으로는 크게 두 가지가 쓰이고 있다. 하나는 명상이며, 하나는 독서이다. 명상은 2,500년 전에 불교에서 탄생한 것으로 사람들의 내면에 평화를 가져다주는 하나의 기법이다. 독서의 경우도 마찬가지이다. 책을 읽다 보면 생각이 정리되고 어지럽던 마음이 정돈되는 느낌을 받을 수 있다.

　　나폴레옹의 경우 주로 독서를 하면서 마음을 관리했던 것으로 보인다. 성경에는 다음과 같은 구절이 나온다. "무엇보다도 네 마음을 지켜라 무릇 생명의 근원이 이에서 남이라." 또 다른 구절도 있다. "마음을 지키는 자가 성을 정복하는 자보다 낫다." 이 말이 무슨 뜻일까 그것은 성을 정복하는 장군보다도 자신의 마음을 지키는 자가 더 낫다는 말이다. 나폴레옹은 어떻든지 마음을 지키는 데 성공한 사람이었다. 그 역시 인간적인 갈등이나 원초적인 질문에서 벗어날 수 없었으나, 책을 읽음으로써 마음을 관리했던 것으로 보인다.

나폴레옹의 백전백승의 비결

나폴레옹의 백전백승의 비결은 바로 그가 막사에서 상상을 했기 때문이다. 물론 그는 군사학에 통달하기도 했다. 그리고 그는 막사에서 모의 전투를 상상하고 있었다. 그는 모의 전투에서 늘 승리했고 이는 현실 세계에서의 승리를 가져다주었다. 승리는 승리를 불렀다. 그는 그가 한 모든 전투에서 승리를 거두었다. 그것은 그가 따랐던 알렉 산드로 대왕이나, 카이사르를 능가하는 것이었다. 청출어람이라는 말이 있다. 그는 그가 영웅으로 생각했던 영웅들을 능가하는 영웅이 되었다. 그는 전문 분야가 군사학이었기에 전투에 승리를 거두었다. 그렇다면 그의 승리 비결을 현실 세계에서 써먹을 수는 없을까.

현대의 비즈니스 세계는 하나의 전투라고 볼 수 있다. 잭트라우마의 『마케팅 전쟁』이라는 책을 보면 현실 세계의 전투는 상품 판매이며, 이는 실전의 전투와 유사하다는 것을 알 수 있다. 비즈니스 세계의 승리를 장악하려면, 나폴레옹이 전투에서 승리하듯이 해야 한다. 그것 중 하나는 게릴라 마케팅이라고 볼 수 있다. 나폴레옹은 산을 넘어 급습하는 전략을 썼다. 그것은 현대의 게릴라 마케팅과 유사하다고 볼 수 있다. 상대를 완전히 쓰러트릴 정도로 강대하지 못하다면 소규모 전투에서 승리를 거두는 게릴라 전략을 써야 한다는 이야기이다.

나는 마케팅 전문가가 아니므로 더 이상 자세한 이야기는 생략하겠다. 하지만 현대의 전투는 더욱더 은밀하고 치열해지고 있으므로 이에 대한 공부가 필요하다는 것을 알리고자 한다.

나폴레옹의 위기 극복법

나폴레옹도 한 인간으로서 위기를 피할 수 없었다. 그는 어떤 방식으로 위기를 극복했을까. 그것은 바로 독서이다. 그는 독서를 통해 위기를 극복했다. 그는 독서에 몰두했고 또한 독서로 도피했다. 그는 책 속에서 해법을 발견하고 세상을 향해 다시 질주하기 시작했다. 나폴레옹은 평생에 걸쳐 약 7,000~8,000권 정도 책을 보았다고 추정된다. 장교 시절 책에만 묻혀 지낸 것이다.

위기 극복에는 먼저 자신에 대한 이해 그리고 상황에 대한 이해가 필요하다. 이건희의 경우 자신의 미래를 놓고 초밥 몇 개만 먹고 고심해서 미래 투자 산업을 선택했다고 한다. 이처럼 사람들은 자신의 위기 때 온 신경을 집중해서 자신의 현재 모습과 상황을 알아채 정확한 판단을 내려야만 한다.

나폴레옹의 마음 관리 2

나폴레옹의 마음 관리는 혜민 스님을 능가했을 것으로 보인다. 그가 명상을 했다는 기록은 없다 하지만 그는 그만의 독특한 마음 관리법으로 스트레스를 극복했던 것으로 보인다. 그것은 앞서 말한 바와 같이 독서를 통함이다. 안중근은 "하루라도 책을 읽지 않으면 입안에 가시가 돋는다."고 했다. 그 말이 무엇인가. 그것은 책을 읽지 않으면 남을 비방하고 욕하고 헐뜯는 일이 발생한다는 것이다. 책을 30분만 읽으면 마음이 가라앉는다. 그리고 현실 세계에서 벗어나 온전히 책에 집중할 수 있다. 그래서 책을 읽는 것은 마법과도 같다. 마음을 정화하고 안정시켜주며, 평온한 마음가짐으로 돌아갈 수 있다. 여기에 바로 나폴레옹의 마음 관리의 비법이 들어있는 셈이다.

나폴레옹의 우울증 극복

나폴레옹은 조울증을 앓았다고 한다. 조울증은 감정의 기복이 심한 것을 의미한다. 어쩔 때는 잠을 자지 않고 일에 몰두하다가 어떤 날은 하루 종일 잠에 곯아떨어지곤 한다. 이런 감정의 기복을 어떻게 극복했을까. 그 당시 조울증을 치료법은 그리 발달하지 않는 것으로 보인다. 그래서 나폴레옹은 조울증을 자신의 현재 상황으로 받아들인 듯했다. 조증 상태에서는 일에 집중하고, 우울 상태에는 잠을 충분히 잠으로써 감정의 기복을 극복했던 것으로 보인다.

조증 상태에서의 낙천적이고 진취적인 기상으로 승리를 거두었던 셈이다. 그런 점에서 나폴레옹은 질병에 굴하지 않고 오히려 질병을 이용함으로써 승리를 쟁취하고 자신을 발전시켰던 셈이다.

나폴레옹의 저서

나폴레옹은 다방면의 책을 읽었다. 그것은 앞서 말한 바와 같이 약 7,000~8,000권 정도를 평생에 걸쳐서 읽은 것으로 추종된다. 그의 관심사는 여러 가지여서 딱히 꼬집을 수는 없다. 다양한 분야에 관심을 가지고 읽었던 것으로 보인다. 그 분야 중에서도 나폴레옹은 특히 법에 관한 책도 많이 읽었던 것으로 보인다. 나폴레옹은 단순히 꿈꾸는 사람이 아니라 현실 세계에서 어떻게 살아야 할 것인가를 고민했던 현실주의자였다는 것을 보여준다. 그의 법 공부는 그가 나중에 황제가 되어 유럽 대륙의 법제도를 개편하는 데 도움을 주었던 것으로 보인다. 법률에 대한 공부를 통해 법전을 만드는 데 도움을 주었던 것이다. 우리나라 인물로 보자면 고 김대중 대통령이 독서왕이었다고 볼 수 있다. 김대중 대통령은 감옥에서 많은 책을 읽고, 경제 관련에 관한 저서와, 통일 관련 저서를 쓰기도 했다. 이 같은 노력은 그가 결국 대통령이 되어 경제 위기를 극복하고, 남북 평화를 이뤄 노벨 평화상을 받는 데 기여했다.

성공 비결 5- 나폴레옹은 고수였다

나폴레옹은 군사학의 고수였다. 그는 전략과 전술을 짤 수 있었고, 그것을 이용해 백전백승의 승리를 거두었다. 그는 단순히 군사학에만 밝았던 것은 아니다. 그는 인간관계에서도 고수였다. 나폴레옹의 어린 시절은 왕따였지만 나이가 들면서 인간에 대한 이해가 깊어졌던 것으로 보인다. 그것을 바탕으로 사람들의 마음을 사로잡는 연설을 함으로써 병사들과 하나가 되어 싸울 수 있었던 것이다.

그렇다면 고수가 될 수 있었던 이유에는 무엇이 있을까. 이에 대해서는 오래전에 말콤 글래드웰이 『일만 시간의 법칙』이라는 책에서 잘 밝혀두었다. 그것은 일만 시간의 정교한 연습을 통해 이루어진다고 보았던 것이다. 그런 점에서 나폴레옹도 약 1만 시간의 노력을 했던 것으로 보인다. 그러자 나폴레옹의 의식과 지식에서는 빅뱅이 일어났고, 아무도 그를 막을 수 없게 된 것이다. 이는 양적 변화라고도 불리운다. 어떤 분야든지 양이 어느 정도 넘어서게 되면 질까지 변화하게 된다는 것을 의미하는 것이다. 잘 알려진 대로 류현진의 야구, 손흥민의 축구 등 많은 분야들의 고수는 수많은 연습을 통해 이루어진 것이다.

고수가 되고자 하는 현대인에게는 시간이 필요하다. 그것은 조급한 마음을 버리라는 것이다. 10년에서 20년 정도의 시간을 잡고 정교한 노력을 행한다면 그는 언젠가는 고수에 오를 것이다. 물론 이 과정에서 유전자나 적성과 같은 분야를 배제할 수는 없다. 하지만 완전히 일과 맞지 않는 사람이 아니라면 소기의 성과를 거둘 수 있을 것으로 보인다.

나폴레옹을 전하다

10대들에게 고함

　　10대들에게도 나폴레옹의 이야기를 권하고 싶다. 그것은 단지 의식을 고양함에 있는 것은 아니다. 한 인생에서 성공적인 삶을 살려면 어떻게 매일을 살고 준비해야하는 지를 일러두고자 함이다. 무엇이든 우연은 없다. 모든 것에는 그 원인이 있으며 그 원인을 추적한다면 그 사실을 알 수 있다. 그런 점에서 나는 기적이 없다고 믿으며 그 배후에는 그 원인을 찾을 수 있다고 믿는다. 우연한 성공은 없으며 그것이 실력에 의한 것이든 운에 의한 것이든 그 원인은 있는 셈이다.

　　10대 시절의 삶이 소중한 것은 그것이 다시금 되돌릴 수 없다는 것이다. 그런 점에서 10대를 잘 보낸 사람은 20대가 좋을 것이고 20대가 좋은 사람은 30대도 좋을 것이다. 그것에는 우연은 없다. 그렇다면 어떻게 하면 효과적인 10대를 보낼 것인가에 대한 고민이 있을 수 있다.

　　사람의 삶은 복잡하고 사회 역시 복잡하다. 여기서 하나의 방법을 내놓을 수는 없다. 각자 가야 할 길이 다르며 삶도 다를 것이기 때문이다. 사회는 흔히 천편 일류적인 길을 제시하지만 그 길을 따라간다고 해서 행복하리라는 보장은 없다.

그런 점에서 10대의 삶은 책임은 없지만 위태로워 보인다. 왜냐하면 10대 시절을 잘못 보낸 사람에게 주어지는 미래란 괴로울 것이기 때문이다. 뒤늦게 나이가 들어서 정신을 차리는 사람이 있긴 하지만 그 사람의 경우 노력도 시간도 배로 들기 마련이다.

나는 사람마다 가야 할 길이 다르고 그것을 알기 때문에 어떤 길을 제시할 수는 없다. 초등학교도 안 나왔음에도 사업에서 큰 성공을 거두는 경우가 있는가 하면 명문대를 졸업하고도 자신의 앞가림을 못 하는 경우도 있다. 하지만 학생들을 가르치는 교사 입장에서는 주자의 『권학문』을 권하고 싶다.

『권학문』

오늘 배울 것을 내일로 미루지 말고, 올해 배울 것을 내년으로 미루지 말라! 해와 달은 가고 세월은 나를 기다리지 않으니, 오호, 늙어 후회한들 이 누구의 허물인가?

소년은 늙기 쉽고 학문은 이루기 어려우니, 잠시라도 시간을 가볍게 여기지 말라! 연못가의 봄풀은 아직 꿈을 깨지도 못하는데, 댓돌 앞의 오동나무 잎은 이미 가을 소리를 전하는구나.

나폴레옹의 10대 역시 배움과 공부가 전부였다는 것을 알기를 바란다. 나폴레옹에게 필적할 만한 성공을 거두기 위해서는 그의 노력을 따라할 필요가 있다.

희망찬 20대를 위하여

나의 이십 대는 그리 좋지 못했다. 나는 내 의지와 상관없이 교대에 가게 되었고 전혀 공부를 하지 않았다. 결국 나는 책만 읽고 방황하다가 졸업을 하게 되었고, 뒤늦게 공부를 해서 교사가 되었다. 그런 점에서 나는 일견 성공한 사람처럼 20대들에게 하나의 길을 제시할 수는 없다.

그러나 나는 20대가 중요하다는 것을 알 수 있다. 내가 말하고자 하는 것은 일률적인 길을 따르는 것이 아니라 자신만의 독특한 길을 가는 것이 중요하다는 것이다. 일견 이는 한국 사회에 맞는 것 같지 않아 보인다. 미국의 경우 자신의 꿈에 일찍부터 깨어 그 꿈을 향해 달린다고 일컬어진다. 하지만 우리나라의 경우 그럴 경우, 많은 어려움이 있을 것으로 예상된다.

내가 학점을 잘 따고 취직을 준비하는 사람들을 우습게 보는 것은 아니었다. 그것은 하나의 길일 뿐이다. 독립해서 자신만의 길을 개척하는 것이 훨씬 어렵다는 것을 알고 있기 때문이었다.

남자의 경우 군 입대도 해야 하기 때문에 20대의 삶은 결코 쉽지 않다. 이미 많은 것을 가진 기성세대에게 밀려 사회에서 자리 잡기도 힘들며, 여러 모로 불리한 위치에 있는 것이 오늘날의 20대들이다.

하지만 말하고자 하는 것은 이미 깨어난 이십 대들은 자신의 꿈을 향해 질주하고 있으며, 그들이 결국 사회의 주역이 될 것이라는 것이다. 당신도 깊이 잠들어 깨어나지 못하고 하루하루를 보내고 있다면, 좋지 못한 미래를 맞게 될 확률이 높다는 것이다. 당신이 아직도 게임이나 드라마 혹은 기타 자잘한 것들에 빠져있다면 빨리 깨어나야 한다. 손해는 자기가 입을 뿐이다.

나폴레옹의 성공 비결 6- 그는 포기를 몰랐다

그는 앞서 말한 바와 같이 나의 사전에 불가능은 없다는 명언을 남겼다. 그 말은 그가 알프스 산맥을 돌아 적을 공격할 때의 일에서 나온 말이다. 모두가 산을 넘는 것은 불가능하다고 여겼지만 그는 해낸 것이다. 그의 삶은 포기가 없었다. 어렸을 때 왕따를 당할 때에도 프랑스 공부에 어려움을 겪을 때에도 고립된 장교 생활을 할 때에도 마찬가지였다. 그의 이런 포기를 모르는 정신은 타고난 것으로도 볼 수 있다. 유전의 영향을 빼놓을 수는 없다. 하지만 그것은 꼭 유전이나 성격만은 아니었다. 그가 했던 독서가 그의 자신감에 영향을 주었던 것으로 보인다.

흔히 책을 읽으면 지식을 얻을 것으로 생각되지만 사실 크게 증가되는 것은 자신감이다. 읽은 권수가 몇 천 권에 이르게 되면 못 할 것은 없겠다는 생각이 들게 된다. 그것은 앞서 말한 바 있지만 왜 그런지 그 메커

니즘에 대해 설명하고자 한다.

책을 많이 읽게 되면, 상황에 따라 어떻게 행동해야 하는지가 보이게 된다. 그리고 인물 관련 책을 읽다보면 자신보다 못한 처지의 사람들이 상황을 극복했음을 알게 된다. 그것을 인지하면 자신감이 조금씩 차오른다. 그 당시에는 자기계발서가 거의 없겠지만 자기계발서와 같은 책은 사람의 마음을 고양하고 뭐든지 할 수 있다는 신념을 심어주게 된다. 역사를 읽다보면, 모든 삶에는 오르락내리락이 있다는 것을 통찰하게 되어 일시적인 실패에 좌절하지 않게 된다.

이처럼 책이 주는 유익은 단편적인 것은 아니다. 그것을 충분히 습득한다면 나폴레옹과 같은 자신감을 얻을 수 있다. 그것은 내가 지어낸 말이 아니라 여러 기업인들이 강조한 것이다.

나폴레옹의 성공 비결 7- 그는 잡기에 빠지지 않았다

그는 27살에 조세핀과 결혼하게 된다. 그전에는 잠시 창녀와 교제한 것을 제외하고 여인에 대한 추문은 거의 없는 편이었다. 그 역시 놀고 싶은 마음이 없었던 것은 아니었을 것이다. 하지만 그는 도박이나 술, 여자에 빠지지 않고 오직 자신의 마음을 다스리고 지식을 쌓는 일에 몰두했다. 현대로 치자면 게임이나, 도박 같은 것에 빠지지 않았다는 것을 의미한다. 그것은 그가 처한 현실에서 최선의 선택이었을 수도 있을 것이다. 또한 특별한 공명심이 나폴레옹을 그와 같이 이끌었을지도 모른다.

현대에도 수많은 훌륭한 사람들이 있지만 잠시 마음 관리를 잘못해서 나락에 떨어지는 경우가 있기도 하다. 하지만 나폴레옹은 어려운 장교 생활에서나 나중에 황제가 되는 높은 자리에 있어서도 특별히 다른 것들에 마음을 돌리지 않고 자신만의 길을 걸었다. 그것은 가게라면 하나의 장인 정신인 셈이고, 스포츠라면 프로 정신과도 비슷한 것이었다.

학생 시절을 살펴보면 잘나가다가도 게임이나 이성에 빠져 공부를 그르치는 경우를 종종 보게 된다. 그 점을 본다면 한 길을 계속 정진해서 걸어간다는 것이 얼마나 어려운 일인가를 알 수 있다. 그런 점에서 나폴레옹에게 정치는 불교의 도와 같았고, 거의 종교적인 수준에 이르렀다는 것을 알 수 있다.

왜 나폴레옹 인가?

왜 나폴레옹인가?

여기서 다시 왜 저자는 나폴레옹에게 주목했는가를 말하고자 한다. 다른 훌륭한 사람도 많은 데 왜 하필 나폴레옹인 것인가. 그것은 그가 극적으로 자신의 위치를 극복하고 자신의 원하는 것을 이루었다는 데 있다. 그것은 현대적 인물에서 찾아보자면 오바마 정도로 찾을 수 있다. 오바마 역시 이민자의 자식으로써 미국에서 승리를 거두었기 때문이다. 그의 성공 스토리 역시 마약과 같은 유혹을 극복하고 공부에 몰입해 극적인 승리를 거두었기 때문이었다. 그리고 나폴레옹에 대한 생각은 저자의 생각을 통해 나온 것이다. 그것은 많은 사람들의 속마음을 들여다보면 사실 바라는 것은 왕과 같은 존재라는 것을 알았기 때문이었다. 지금은 계급 제도가 없어졌지만 아직도 계급과 같이 사람을 나누는 형식의 사회임에 분명하다. 사람들은 자신의 위치에 만족하지 못하고, 더 높은 자리 결국엔 왕을 원한다는 것을 알았다.

그런 점에서 가장 불리한 위치에 있는 나폴레옹을 조명함으로써 위치가 별로 좋지 않은 현대인에게도 희망과 자신감을 심어주기 위함이다. 물론 나폴레옹의 이야기를 읽는다고 해서 하루아침에 자신의 신세가 바뀌는 일은 없을 것이다. 하지만 정주영 씨와 같은 사람이 나폴레옹 자서전을 수없이 읽으면서 노력해 자신의 운명을 바꾸었듯이 현대인들의 삶에도 이 같은 일이 일어나지 못하리라는 법은 없다.

나폴레옹과 공자의 차이

황제가 된 나폴레옹을 문학인들은 신이라고 찬송하는 이도 있었다. 하지만 그는 성인에 비한다면 한참 모자란 존재로 보인다. 그 성인 중에서 한명을 꼽자면 동양에서는 공자가 있다. 공자 역시 승승장구한 것은 아니었다. 자신의 사상을 받아들여주는 나라가 없어서 방황했던 인물이었다. 하지만 나폴레옹이 마지막에는 전쟁에 패해 소리 없이 죽어간 데 비해, 공자의 경우는 자신의 삶을 아름답게 마무리 하였다. 그것의 차이에 대해 설명해보고자 한다. 나폴레옹의 경우 무조건 할 수 있다는 자신감으로 세상과 맞서 싸웠다. 그것이 젊은 혈기의 나폴레옹에게는 큰 힘을 실어주어 실제로 승승장구했다. 하지만 정확히 상황을 파악하지 못하고, 러시아와의 전쟁이나, 워털루 전투에서 패하고 말았다. 이에 비교해 공자는 현재의 위치를 잘 파악하고 있었던 것 같다. 그에 도움을 준 책으로는 『주역』을 들 수 있다. 공자는 책 가죽을 세 번 갈 정도로 『주역』에 몰입했다. 그렇다면 『주역』이란 어떤 책인가. 그것은 미래를 바라보는 혜안을 주고, 현재의 위치를 점검할 수 있는 책이다. 그는 역술인은 아니었으나 미래를 예측함으로써 자신의 삶을 안정적으로 이끌었다. 결국 공자는 여러 나라에서 사상이 받아들여지지는 않았지만 인류의 성자로 남게 된 것이다.

나폴레옹의 패착은 결국 자신의 상황을 내려다보는 시선이 없었다는 것에서 찾을 수 있다. 그는 적절한 조언자나, 스승이 필요했다. 상황을 냉정하게 바라보는 사람이 그에게 조언을 해주었다면 그의 실패는 없었을 것으로 보인다.

무덤까지 가봐야 안다

나폴레옹의 삶에 비해 자신의 삶이 보잘 것 없다고 생각하는 사람도 많은 것이다. 그런 사람을 위해 나폴레옹의 실패에 대해 말하고자 한다. 그는 한때 신이라는 찬미도 받았으나 나중에는 상황 판단을 잘못해, 쓸쓸하게 한 섬에서 죽고 만다. 그는 정상까지는 잘 달렸으나 마지막의 걸림돌을 넘지 못하고 인생을 잘못 마무리한 셈이다.

물론 후대에까지 그의 명성과 영향력은 계속 미치고 있다. 그런 점에서 나폴레옹의 삶은 한때 권투선수로 명성을 날리었던 타이슨을 떠오르게 한다. 타이슨은 정상의 자리에 올랐으나 자신을 잘 관리하지 못하고 불명예를 안았다. 그 역시 정상의 자리에서 자기 관리를 잘 못한 탓이다.

그런 점에서 사람의 삶이란 그의 무덤까지 가봐야 알 수 있다. 그런 점에서 현재 당신이 몇 살이던 간에 자신의 과거를 절망할 필요는 없는 셈이다. 지금까지 잘못 살았더라도 마음을 가다듬어 승승장구를 할 수도 있고, 지금까지 승승장구하더라도 몰락할 수도 있는 셈이다. 그런 점에서 잘나간다고 뻐길 것도 없으며 못 나간다고 기죽을 것도 없는 셈이다. 사람의 삶에는 오르락내리락이 있기 때문에 오르락일 때는 겸손하고 내리락에는 시련을 잘 이겨내는 것이 중요하다.

나폴레옹과 유비

서양에서는 주로 플루타르크 영웅전을 읽는 다면, 동양에서는 삼국지를 읽는다고 볼 수 있다. 그렇다면, 서양의 영웅이라고 할 수 있는 나폴레옹과 동양의 영웅이라고 볼 수 있는 유비의 차이점에 대해서 알아보자.

유비는 흔히 덕이 많은 것으로 묘사된다. 그렇다면 나폴레옹은 어떤가. 그 역시 병사들의 마음을 이해하고 그들의 삶에 신경썼다. 그런 점에서 나폴레옹이나 유비는 아랫사람들을 다루는 데 능했다. 이는 지도자가 되기로 마음먹은 사람이라면 반드시 갖추어야 할 자질이다.

차이점은 나폴레옹은 자기 관리에 매우 신경을 썼던 것으로 보이고, 유비는 제갈공명과 같은 지략가나, 여러 장수들의 말에 귀 기울일 줄 알았다.

그런 점에서 나폴레옹과 유비는 영웅의 자질을 갖추었던 것이다. 유비의 경우 어렸을 때부터 왕을 꿈꾸었던 사람이다. 그는 수레가 지나가는 것을 보고, 언젠가 왕의 수레에 탈것이라고 말하였다. 이는 코르시카의 독립을 위해 싸우겠다고 다짐하는 어린 나폴레옹의 마음과 동일 한 것이다.

왜 나폴레옹인가 2

미래에 과학 기술이 발달하면 나폴레옹을 복원할 수 있을지도 모른다. 그것은 크게 생물학적인 방법과 컴퓨터적인 방법으로 나뉜다. 나폴레옹의 유전자를 통해 복원하는 방법과, 사이버 세계에서 나폴레옹의 모습을 구현하는 것이다. 나폴레옹이 사이버 세계에서 구현된다면 나폴레옹과 대화를 나누는 것이 가능할지도 모른다. 하지만 아직 과학 기술이 발달하지 않아 그의 삶을 추측하는 것은 그가 남긴 자료나, 사료를 통해서이다.

얼마 전 알파고가 바둑 대회에서 승리하였다. 이는 현재의 인공지능의 기술을 보여주는 것이라고 볼 수 있다. 이런 슈퍼컴퓨터의 세상에서 과거의 나폴레옹은 어떤 것을 의미할까.

과거의 나폴레옹은 사실 현대의 상품으로 전락한 지 오래이다. 술의 이름이건, 아니면 나폴레옹의 모습이 담긴 것을 전시한다거나 이야깃거리가 되는 것이다. 하지만 그의 삶을 닮고자 하는 현대인이라면 , 그의 본모습을 파악하고 그와 호흡할 줄 알아야 한다.

나폴레옹과 트럼프의 가면

융의 심리학에 의하면 페르소나 즉 가면은 인간의 마음을 유지시키는 데 도움을 준다고 한다. 이는 가식적으로도 보일 수 있겠지만, 여러 사람을 상대하는 사람에게는 필수적으로도 여겨지는 것 중에 하나이다. 나폴레옹 역시 황제가 되어 수많은 사람들과 대화를 나누었으므로 어느 정도 심리적 가면을 썼던 것으로 보인다. 페르소나가 사라지고 진정한 자신의 모습을 갖추었을 때는 극심한 피로감에 시달린다고 한다. 그런 점에서 나폴레옹은 페르소나를 잘 이용하여 나라를 이끌었던 것으로 보인다.

그의 본모습이 어떤 것이었는지는 잘 알려지지는 않았다. 그의 내면이 무언가로 들끓었을지 아니면 허무감에 싸여있었을지는 추측할 수 없는 것이다. 하지만 나폴레옹은 혼자 있는 공간 속에서는 자신의 모습을 유지하며 미래를 준비하고 있었음에 분명하다.

현대인에게도 이런 가면은 필요하다. 그것은 많은 사람을 대하는 일에 필수적인 것으로 보인다. 그리고 때때로 혼자만의 공간 속에서 진정한 자신으로 남을 수 있는 시간 역시 필요하다.

트럼프 역시 융 심리학에 대한 조예가 깊다. 그 역시 페르소나라는 개념을 알고 있을 것이다. 그가 일할 때 쓰는 가면은 그의 마음을 보호해 주는 중요한 장치일 것이다. 아무도 그가 집안에서 휴식을 취할 때의 모습에 대해서는 잘 알지 못한다. 그런 면에서 현대인에게 가면은 자신을 보호하고 사회생활을 더 잘하게 만드는 하나의 장치일 것이다.

나폴레옹은 노력파

나폴레옹은 노력파였던 것으로 추정된다. 나폴레옹에게는 딱히 스승은 없었다. 알렉산드르 대왕 같은 경우 아리스토텔레스라는 걸출한 스승이 있었던 것에 비하면 그에게는 특별히 지식과 지혜를 전수해 주는 사람은 없었다. 그는 대신에 책을 통해서 스승을 구했던 것을 보인다. 그는 루소에 심취했으며 그 밖의 여러 사람들의 저작을 읽고 자신의 실력을 키워갔다.

그 과정은 쉽지 않다. 그것은 독학의 어려움을 나타낸다. 알렉산드르 대왕이 아리스토텔레스에게 과외를 받았던 것에 비해 나폴레옹은 역사책을 들추어가면서 여러 사람들의 이야기를 흡수하고 있었던 셈이다.

그에 비해 트럼프는 확실한 스승이 있었다. 그 스승은 그의 아버지이다. 그는 그의 아버지라는 존재 덕분에 더 높고 더 크게 비상할 수 있었다.

나폴레옹의 비상

나폴레옹의 비상

나폴레옹은 어린 시절 왕따를 당했다고 말한 적이 있다. 장교로 있던 시절에도 늘 혼자 다락방에서 지내며 쓸쓸히 책을 읽을 뿐이었다. 그런 나폴레옹이 어느 시점을 지나서는 병사들의 마음을 사로잡고 백전백승을 하는 장군으로 변신한다. 어떻게 그 같은 일이 가능했을까.

그는 여러 책에서 읽은 지식을 바탕으로 사람을 상대하는 기술을 깨달았음이 분명했다. 그가 얻은 지식들은 전쟁에서 백전백승의 지략으로 변환되었다.

그는 외톨이에서 지식과 인품을 겸비하는 훌륭한 리더로 변모한 것이다. 이는 따돌림을 당하는 많은 이들에게 희망을 주는 것이다. 나폴레옹과 비견되는 오바마의 경우에도 어린 시절에는 왕따를 당했지만, 농구를 통해 팀워크와 협력을 익혀 훌륭한 리더로 성장한다.

이런 점에서 어린 시절의 한때 따돌림은 리더가 되는 데 장애가 될 수 없다는 것을 보여준다. 오히려 그 과정에서 자신을 반성하고 실력을 키워 훌륭한 리더로 변모할 수도 있는 것이다. 이는 비단 나폴레옹만이 보여주는 사례는 아니다. 누구에게라도 이런 삶의 변곡점이 일어날 수 있다는 것을 믿는다.

결혼과 나폴레옹

이성과의 만남은 한 인간의 잠재력을 꽃피우는 데 도움을 준다. 나폴레옹은 조세핀과의 만남을 통해 한결 훌륭한 인간으로 성장할 수 있었다. 이는 박정희 대통령이 육영수 여사를 만나 지도자로 입신하게 되는 경우와 비슷하다고도 볼 수 있다.

이런 점에서 이성교제는 독이 될 수도 득이 될 수도 있다. 이성교제를 하면서 망가지는 사람이 있는가 하면 훌륭하게 발전해 자신만의 꽃을 피우는 사람도 있다. 이는 어떻게 된 일일까.

똑같은 이별을 함에도 어떤 사람은 폐인이 되고 어떤 사람은 시인으로 변모하기도 한다. 이는 이성교제 그 자체의 문제가 아니라 그것의 결과를 어떻게 받아들이느냐에 달려 있다.

그런 점에서 나폴레옹은 이성과의 만남을 통해 자신의 잠재력을 꽃피우는 기회를 잡았다고 볼 수 있다. 그것은 절반은 운이며 절반은 자신의 노력이었다.

바람이 그 사람의 인생이 된다

나폴레옹은 장군을 꿈꾸었으며 황제를 꿈꾸었다. 그의 바람은 그의 인생이 되었다. 많은 사람들은 자신의 인생에서 꿈을 꾸지만 어떤 사람은 그것을 이루고 어떤 사람은 그냥 바람이 되고 만다. 이 차이는 어디에서 오는 것일까. 그것은 운이나 재능에서 오는 것일 수도 있다. 하지만 그것은 예측할 수 없는 것이기에 우리가 조종할 수 없는 요소이다. 그렇다면 우리가 제어할 수 있는 부분은 오로지 그 목표에 얼마나 집중하고 그 목표를 이루기 위해 얼마만큼의 노력을 더하느냐에 달려있다. 세계적인 자기계발서 작가인 앤서니 라빈스의 이야기를 살펴보자. 그가 성공한 것은 단지 운에 달렸을 수도 있다. 하지만 그의 삶을 자세히 살펴보자면 그의 삶이 운에 의해 좌우되지 않았던 것으로 보인다. 그는 성공의 비밀을 알아내기 위해 500권 이상의 책을 읽었으며 남들이 일주일에 두 번씩 강의할 때 하루에 두세 번씩 강의를 하면서 자신의 실력을 쌓아갔던 것이다. 그것은 그가 자신의 목표를 위해 일찍부터 깨어 얼마나 노력했는지를 보여준다고 볼 수 있다. 그가 빌딩 청소부에서 헬기를 타는 유명한 강연가가 된 것은 우연히 아니며, 사실 필연적인 것으로도 보인다.

이와 같이 나폴레옹의 삶을 들여다보자면 그의 재능이나 운을 제외시키고도 그가 행한 과정을 살펴보면 그가 황제가 된 것은 필연적인 것이다. 그것은 당연하다고도 말할 수 있는 것이다.

나폴레옹의 변화 비법

나폴레옹이 어렸을 때 왕따를 당했다는 이야기는 여러 번 한 적이 있다. 그 후에도 그는 책만 보던 사람이었다. 그가 어떻게 극적인 변화를 할 수 있었을까. 이는 단 한 가지에 있다. 그는 그 무엇보다 사람이 중요하다는 사실은 완전히 마음으로부터 깨달았던 것 같다. 사람이 책보다도 사람이 돈보다도 중요하다는 사실을 깨달았던 것이다. 그렇게 병사들은 나폴레옹에게 충성했고, 나폴레옹은 여러 사람을 거느리는 황제가 될 수 있었다. 삼성의 경영자들은 인간이 제일 중요하다고 말한다. 인재를 구하기 위해 애쓰는 것이다. 이는 가식적인 것은 아니다. 한 나라의 황제였던 유비 역시 인재를 위해 삼고 초려했던 인물이기도 하다.

이 같이 사람이 먼저라는 사실을 뿌리 깊게 깨닫게 된다면 그 사람은 왕따가 아니라 한 집단의 지도자로 부상하게 되는 것이다.

나폴레옹의 성격

나폴레옹은 마냥 착한 성격은 아니었다. 어렸을 때부터 경쟁심이 강했을 것이며, 황제가 되고자 했음으로 남의 위에 서서 우두머리가 되는 것을 좋아했을 가능성이 높다. 마키아벨리의 『군주론』은 군주가 마냥 착할 경우 악한 사람들 사이에서 파멸하기 쉽다고 말한 적이 있다.

그는 그렇다고 해서 교활한 성격은 아니었다. 그는 근본적으로 순수한 사람이었다. 그는 남의 위에 서는 황제가 되었지만, 네로 황제와 같은 폭군은 아니었다. 자신의 일을 묵묵히 수행하고자 했고, 늘 처리해야 할 일들로 바빴다. 하지만 그는 불평하지 않고 자신이 해야 할 일을 묵묵히 수행하는 성실한 스타일이었다.

나폴레옹은 불리함을 어떻게 극복했을까

나폴레옹은 불리함을 어떻게 극복했을까? 인생을 포커게임에 비교하자면 굉장히 불리한 패가 들어온 것이다. 이럴 때는 어떻게 해야 하는가. 포커게임이라면 그냥 죽거나, 아니면 허세를 부리는 방법이 있다. 나폴레옹은 이 두 가지 방법을 모두 쓸 수는 없었다. 그는 묵묵히 자신이 하는 일을 하면서 시절이 오기를 기다렸던 것 같다. 그런 점에서 불리한 위치에 있는 사람이라면 시간을 잘 활용할 줄 알아야 한다. 그렇다고 강태공처럼 마냥 허송세월을 보내라는 의미는 아니다. 그 기간 동안 준비를 해야 하는 것이다. 나폴레옹은 공부와 독서를 하면서 어린 시절부터 준비하고 있었다. 준비하는 것은 나폴레옹이 훌륭했지만 동양에도 훌륭한 인물이 있다. 그것은 한신이다. 한신은 한때 밥을 빌어먹을 정도로 상황이 안 좋았으나, 한왕에게 극적으로 발탁되면서 하루아침에 대장군의 자리에 오른다. 하지만 그는 그 과정이 있기 전 낮은 직책에 있을 때에도 최선을 다하며 준비했고 그 준비 과정이 있기에 대장군의 자리까지 오르게 된 것이다. 요즘으로 보자면 아이돌이 데뷔를 준비하는 과정에 비견

할 수 있다. 몇 년의 훈련생 과정을 거쳐 화려하게 무대에 데뷔하게 되는 것이다. 준비가 길수록 내공이 쌓이게 되고 그 내공을 사람들이 알아보면서 인지도를 올리는 것이다.

당신에게도 불리함이 있을 것이다. 그것은 나폴레옹보다 치명적일 수도 있고 나폴레옹에 비하면 별거 아닌 장애물일 지도 모른다. 하지만 그 과정을 시간을 두고 준비해 나간다면 당신에게도 기회가 올 것은 분명하다. 그것은 저자가 약속할 수 있는 일이다.

카이사르와 나폴레옹

나폴레옹은 여러 위인전을 읽었지만 그중에도 가장 본받고자 했던 것은 카이사르와 알렉산드르 대왕이다. 결국 그는 카이사르와 알렉산드르 대왕을 뛰어넘는 황제가 되었다. 그중에 카이사르와 나폴레옹을 비교해 보고자 한다. 카이사르는 주사위는 던져졌다 하면서 로마로 되돌아와 황제의 자리에 오른다. 그 결단력과 추진력을 나폴레옹은 그대로 흡수한 것 같다. 내 사전에 불가능은 없다면서 알프스 산맥을 넘어 질주했기 때문이다. 하지만 나폴레옹은 시저가 브루투스의 칼에 의해 암살당했다는 것을 읽었을 것이다. 거기에서 나폴레옹은 느낀 바가 있어 부하 관리에 힘썼을 것이다. 결국 그는 부하에게 배반당하지는 않았지만 본인의 잘못된 판단 착오에 의해 비참한 최후를 맞고 만다.

나폴레옹의 외모

나폴레옹의 외모에 대해서는 저자의 전작 『이기는 클레오파트라, 지지 않는 나폴레옹』에 자세히 소개한 바 있다. 간략히 다시 소개하자면 그는 매력적인 이목구비와 꿈꾸는 눈, 훤칠한 이마를 지녔던 사람이었다. 그를 만나는 여자들은 처음에는 그의 작은 키와 허름한 옷차림에 실망을 했지만 그의 얼굴이 생각보다 잘생긴 것을 보고 마음을 바꾸었다고 한다.

그의 준수한 외모는 키와 같은 그의 약점을 뛰어넘어 그에게 플러스가 되었을 가능성이 높다. 만일 키가 작은 사람이 있다면 나폴레옹의 이야기를 듣고 자신감을 얻을 수 있을 것이다. 그리고 외모가 좋지 못하더라도 키가 크다면 그 사람 역시 자신감을 얻을 수 있을 것이다. 나폴레옹은 이렇게 뭇사람들에게 자신감을 심어줄 수 있는 인물 중의 하나이다.

나폴레옹과 죽음

나폴레옹은 1821년 5월 5일 저녁, "내 사전에 불가능이란 없다!"고 소리쳤던 영웅 나폴레옹은 이렇게 쓸쓸하게 세인트 헬레나 섬의 보잘 것 없는 집에서 생을 마쳤다. 그의 나이 쉰두 살이었다. 죽음을 앞두고 나폴레옹은 어떤 생각이었을까. 황제의 자리에 올랐기에 미련 없이 떠났을까 아니면 아쉬움과 자책에 빠져있었을까. 나폴레옹의 성격에 비추어보았을 때 그는 끝까지 황제의 지위를 고집했을지도 모른다. 그의 머릿속에는 여전히 전장이 그려지고 정복한 유럽대국이 그를 기다리는 장면이 떠올랐을 것이다. 아니면 조세핀의 얼굴이 뇌리를 스쳤을지도 모른다.

하지만 그는 영웅다운 최후를 맞이했다. 그다운 결말이었다.

왜 나는 나폴레옹을 선택했는가

저자가 나폴레옹을 조사하면서 한 그림을 발견했다. 그것은 나폴레옹이 말을 타고 앞으로 전진하는 모습이었다. 그 그림만큼 저자의 가슴을 뛰게 하는 것은 없었다. 그 그림은 나폴레옹의 그 자체를 보여주는 것이었다. 앞으로 전진, 진취적인 기상, 설레는 마음, 그 그림 속에서 나는 나폴레옹이 살아 숨 쉬는 것을 느낄 수 있었다.

물론 저자는 장군에 대한 말할 처지가 아니다. 육군사관학교 출신도 아니고, ROTC도 아니고, 일반 병사로 군을 마친 것도 아니다. 몸이 안 좋아 사회복무요원으로 겨우 군 생활을 마친 사람이다. 하지만 그의 그림을 보고 있으면 마음의 약동되는 것을 느낄 수 있었다. 그건 군대를 다녀온 사람이나 아닌 사람이나 동일하게 느낄 수 있는 것이다.

저자의 생각에는 나폴레옹은 영웅이란 단어가 가장 잘 어울리는 사람이다. 그것은 옛날의 그리스 신화 속의 헤라클레스 같은 영웅이 아니라 현재에 실존하고 있는 그런 바로 그런 영웅인 것이다.

저자도 여러 편의 시집을 발표한 문인이기 때문에 나폴레옹을 그때 만났더라면, 괴테처럼 신이나 다름없다고 평했을지도 모른다. 그는 문인들

못지않게 여러 지식에 해박했으며 정치와 외교에 능했다.

이 글의 목적

이 글의 목적은 물론 여러 지위에 있는 사람들을 약동시키고 힘을 주기 위함이다. 그러기 위해 나폴레옹이라는 과거의 역사적 인물을 재구성해 보여주고자 했다. 나는 나폴레옹의 과거뿐만 아니라 현재에도 그리고 미래에도 살아 숨 쉴 것으로 예상한다. 그리고 나폴레옹에 관련된 여러 책이 나왔지만 앞으로도 재해석한 책들이 연이어 나올 것이라고 생각한다. 나폴레옹을 생각할 때는 어릴 때 위인전에 나온 그 모습으로 이해해도 좋고, 혹은 인간적인 그의 모습을 재발견하는 것도 좋다고 생각한다. 그는 영웅인 동시에 일반인이었으며, 일반인이라고 말하기에는 너무 뛰어난 존재였다.

어떤 사람은 그를 전쟁광이라고 폄하하는 사람도 있다. 물론 그는 전쟁과 전투에 전부를 거는 군인이기는 했다. 하지만 그는 전쟁광이라고 불리기에는 기품이 있었고, 정복하는 것 못지않게 그곳을 잘 다스리려고 노력했던 사람이었다.

히틀러 역시 나폴레옹 못지않은 지도력을 보였지만 그의 사상이 틀린 것임에 반해 나폴레옹은 오랫동안 했던 독서를 바탕으로 적국을 침략하거나 학살하는 데에 몰입하지는 않았다.

나폴레옹과 이순신

나폴레옹을 예찬하는 글을 보면, 너무 외국의 인물의 편만 들고 있느냐는 말을 들을 수도 있다. 물론 저자는 프랑스를 좋아한다. 프랑스의 문학이 좋고, 프랑스의 문화가 좋다. 그리고 나폴레옹과 같은 영웅이 탄생하기도 했다. 하지만 우리나라에도 훌륭한 장군이 있다. 그것은 이순신이다. 이순신은 이미 여러 책에서 그리고 김훈의 『칼의 노래』와 같은 소설에서 자세히 다루어진 적이 있다. 그리고 드라마로 종종 재구성해 방영되기도 한다. 여기서 이순신을 소개하는 것은 식상하기에 자세한 소개는 생략하기로 한다. 이순신 역시 불리한 위치에서 해군의 지도자가 되어 나라를 구한 인물이다. 그 값어치는 물론 나폴레옹보다 훨씬 값진 것이다. 우리나라 사람이라면 물론 이순신의 행동이 더 값지다고 여길 것이 분명하다. 그 역시 뛰어난 지도력을 보였고 그다운 최후를 맞이했다. 결국 그는 불멸의 이순신이 된 것이다.

나폴레옹과 기도

나폴레옹은 예수를 몰랐던 것은 아니다. 나폴레옹은 예수를 찬미했던 사람이었다. 그는 총과 대포도 없이 세상을 정복하고 나를 압도한다고 그는 밝힌 바 있다. 그가 신을 믿었는지 안 믿었는지는 모른다. 그가 처칠처럼 신이 자신을 지켜주고 있다고 생각했을 수도 있다. 혹은 히틀러처럼 신을 믿지 않았을지도 모른다. 하지만 나폴레옹은 신과 가까워지려 노력했던 사람이었다. 그리고 그 노력은 여러 사람들에게 반신의 계열이라는 평가를 받기도 했다. 그가 홀로 있는 시간에 기도를 했는지는 알수 없다. 하지만 그는 완전한 무신론자는 아니었고 종종 기도를 드렸을 것으로 추정된다.

저자 역시 20살 때까지 무신론자였다. 그것은 유교적 전통을 가진 집안의 영향이기도 했다. 그러다가 우연히 20살이 넘어 성경을 읽게 되었다. 그리고 성경의 내용을 거듭해서 읽으면서 약간의 신앙심을 갖게 되었다. 이런 신앙심이 나의 인생에 도움을 주었는지 그렇지 않았는지는 알 수 없다. 하지만 믿음이 생기고 나서 나는 작가가 되기를 기도했다. 결국 작가가 되었으니 신에게 올린 기도가 응답된 것이라고도 볼 수 있을 것이다.

나는 기도를 일종의 최후의 선택이라고 보인다. 인간적인 노력을 다했는 데도 되지 않을 때 있을지도 없을지도 모르는 절대자를 향한 그 기도는 절절하고 순수할 것이다. 때론 그 절박한 마음은 응답받기도 하는 것이다.

조금씩

나폴레옹은 한 번에 황제에 오른 사람은 아니다. 그 역시 수없이 많은 작은 계단을 밟아가면서 그 자리를 쟁취한 사람이다. 나폴레옹을 바라볼 때 그의 화려한 모습이나 황제에 오른 모습만을 바라보아서는 안 된다. 그 자리에 오르게 되는 그 과정을 지켜볼 필요가 있다. 하지만 많은 사람들은 사람들이 쟁취한 부나 명예를 부러워할 뿐 어떤 과정을 통해 그 자리에 올랐는지에는 관심이 없다. 혹은 그 과정을 알더라도 직접 실천에 옮겨 그 자리까지 갈려는 시도를 하지 않는다.

아, 얼마나 많은 시련이 있었을 것인가. 아, 얼마나 많은 눈물을 흘렸어야 했을 것인가.

그 과정을 송두리째 빼고 그 자리만을 부러워한다면 그 사람은 영원히 그 자리에 오르지 못할 것이다. 하나의 방법은 있다. 그것은 로또를 사는 것이다. 하지만 그 확률이 번개 맞을 확률과 비슷하다는 것을 생각해야 할 것이다.

요즘은 혜민 스님의 글이 잘 나간다. 하지만 당장 혜민 스님의 글은 읽으면서 혜민 스님의 과거에 대해서는 생각해보지 않는다. 그가 어떻게 청소년 시절을 거쳤으며, 승려가 되기까지 얼마나 많은 고민과 시련이 있었을지는 생각하지 않는 것이다.

나폴레옹과 언어

나폴레옹의 언어 실력은 뛰어 났던 것으로 보인다. 그것은 어린 시절 불어를 정복한 것에서 알 수 있다. 그것은 절반은 노력이었고 절반은 재능이었다. 그가 읽은 수많은 책은 그의 언어를 정돈하고 효과적으로 사용하게 했다. 그래서 그는 뛰어난 연설을 할 수 있었고 여러 병사들의 마음을 사로잡을 수도 있었던 것이다.

저자는 학생 시절 종종 국어를 백점을 맞은 적은 있지만 그렇게 말이 많은 것은 아니었다. 고등학교 시절에는 거의 말을 하지 않고 지냈다. 친한 친구가 아니고서야 한마디도 하기 싫어하는 성격이었다. 한번은 3분 발표를 하는 시간이었는데 선생님으로부터 어눌하다는 평가를 받았다. 그러다가 교사가 되니 하루 종일 수업을 해야 했다. 그것은 나에게는 상당히 괴로운 일이었다. 하지만 그런 경험은 나의 언어 실력에 영향을 주었던 것 같다. 그리고 내가 작가가 될 수 있었던 것은 그런 경험들이 쌓여서 이루어졌던 것이다.

나폴레옹과 고독

서정주 시인의 시를 보면 "나를 키운 것은 팔 할이 바람이다"라는 시구가 나온다. 그를 키운 것은 역경이었다는 뜻이다. 저자가 어릴 때 썼다고는 믿겨지지 않는 성숙한 시였다. 나폴레옹을 키운 것은 무엇이었을까. 저자는 그것은 고독이었다고 추론해본다. 나폴레옹은 어린 시절은 왕따였고 소위가 된 뒤에도 줄곧 혼자서 지냈다. 그것은 그가 고독했을 것이라는 것을 추정할 수 있다. 기댈 것은 책밖에 없었고 그는 책에만 몰두했다. 그런데 그게 기적을 일으킨 것이다. 수천 권의 책을 읽자 완전히 다른 사람으로 변모해버린 것이다. 이런 일은 나폴레옹만이 겪는 것은 아니다. 한국에도 도서관에서 3년 동안 몰입해 책만 읽다가 완전히 변신해 작가로서 살아가는 김병완 작가 같은 사람도 있다.

그 과정은 고독했겠지만 결과는 좋았던 셈이다. 그것은 고독이 가져온 마법이라고도 볼 수 있다. 일본의 사이도 다카시 역시 마찬가지였다고 한다. 교수가 되기까지 고독했고 친구라곤 없었지만 오히려 그게 자기계발의 기회가 되어 완전히 고수가 된 것이다.

흔히 고독은 외로움 왕따같이 부정적인 것들과 연관하기 쉽지만, 사실 실력을 쌓기에는 고독만큼 좋은 친구는 없다. 고독을 효과적으로 활용한다면 자신을 바꾸고 사회를 바꾸는 인물로까지 성장해나갈 수 있는 것이다.

나폴레옹과 어머니

나폴레옹의 어린 시절은 외로웠다. 하지만 그를 믿어준 사람이 있었다. 그것은 나폴레옹의 어머니였다. 나폴레옹은 어머니가 쓴 편지를 받고 힘을 내었다. 그 믿음이 있었기에 황제 나폴레옹이 있었던 것이다. 성공한 여러 사람들을 만나거나 그의 인터뷰를 보고자 하면 그의 성공의 이면에는 어머니가 있는 경우가 많이 있다. 어머니의 절대적 사랑이 신의 사랑과 같은 힘이 되어서 성공을 거두는 것이다.

나폴레옹과 마음

나폴레옹의 마음 관리에 대해서는 앞서 소개한 바 있다. 그의 마음은 어떠했을까. 먼저 그의 육체를 살펴보아야 한다. 그는 군인이었기에 단단한 육체를 가졌을 것이 분명하다. 하지만 단단한 육체를 가진 사람들 중에는 약한 마음을 가져서 무너지는 경우도 종종 있다. 나폴레옹은 건강한 육체에 건강한 정신을 가진 사람이었다. 그래서 여러 전투나 전쟁을 치르면서도 흔들리지 않고 자신의 뜻을 관철시킬 수 있었던 것으로 보인다.

앞서 말했듯이 저자가 나폴레옹 시절로 돌아가 그를 인터뷰할 수 없기 때문에 그가 어떤 마음을 가졌다고 확실하게 말할 수 없다. 이것은 일종의 추측이고 예상일 뿐이다.

그는 바위 같은 마음을 지녔을 것이고 그 튼튼한 마음이 세상을 비상하게 만든 것이다.

나폴레옹과 종교

나는 나폴레옹을 황제로 이끈 힘이 궁금했다. 그를 그 자리로 움직이게 하는 힘은 무엇이었을까. 세계적인 작가인 스티븐 코비의 강연을 본적이 있다. 그는 강연을 통해 이것을 말했다. 그것은 나를 움직이는 그 근본적인 힘, 동기가 무엇인지 파악하라는 것이다. 자신의 진정한 욕망을 찾아서 그것을 행하라는 것이었다. 나폴레옹은 아마 자신을 믿었던 것 같다. 자신에 대한 믿음이 너무 강해서 그것은 때론 득이 되고 때론 실이 되기도 했다. 결과적으로는 초기의 나폴레옹은 성공을 거두었지만 후기의 나폴레옹은 처절한 실패를 겪게 되었다.

신과 나폴레옹

기독교를 믿는 사람으로써 나는 신의 의지에 대해서 생각을 해보지 않을 수 없다. 나는 보이지는 않지만 우리를 주관하는 자가 존재함을 믿고 있다. 나폴레옹이라는 인간 역시 신의 의지가 작용했을 것이라 생각한다. 나폴레옹과 같은 큰 인물에는 신의 의지가 작용한다는 것이 나의 생각이다. 나폴레옹이 신을 믿는 안 믿었든 간에 신은 그의 배후에 있었고, 그의 번성과 쇠락을 지켜보았을 것이다.

나는 크게 성공한 사람은 아니지만, 여러 책을 읽어서 성공의 비밀이나 방법에 대해서는 잘 알고 있다. 그 중 하나를 알려주자면 그것은 과감하라는 것이다. 신은 과감한 자를 사랑한다는 말이 있다. 시저나, 이성계와 같은 사람이 바로 그 과감한 사람이다. 시저는 주사위는 던져졌다며 회군해 황제가 되었고 이성계 역시 위화도 회군을 통해 새 왕조를 열었다. 결국 당신의 소심함은 당신이 고쳐야 하며 소심한 당신을 신이 도와줄 수는 없다는 이야기이다.

성공비결 8- 나폴레옹은 독학했다

나폴레옹의 어린 시절을 살펴보자. 나폴레옹에게 그를 가르치는 특별한 스승은 없었다. 그렇다면 그는 어떻게 공부했을까. 그의 공부의 대부분은 독학이라고 여겨진다. 그는 스스로 책을 읽고 스스로 정리했으며, 그 과정에서 여러 깨달음을 얻었다. 그가 어린 시절 성적이 별로 안 좋았다는 것은 앞서 말한 바 있다. 그는 거의 꼴지에 가까웠으나, 노력 끝에 거의 최상위권의 성적을 거두게 된다. 그것은 그의 독학에 의한 것이다. 나 역시 공부에 어려움을 겪었던 적이 있다. 중학교 2학년 때에는 수학 성적을 25점을 받은 적이 있다. 문장식 문제를 풀어보지 않았던 것이 그 원인이었다. 그 당시 아마 뒤에서 3번째 정도였던 것으로 보인다. 나는 그 후 수학 문제집과 자습서를 여러 권 독파하기 시작했다. 그 결과 다음에는 85점을 받았고 그 다음에는 97점을 받아서 학급에서 1등을 할 수 있었다.

독학을 이기는 것은 없다고 많은 사람들은 말한다. 대학까지 가더라도 최후의 연구는 결국 스스로가 해내야 하는 것일 것이다. 그런 점에서 독학은 어려운 길이지만, 결국 가장 뛰어난 길임을 보여준다고 볼 수 있다.

성공 비결 9- 나폴레옹은 호기심이 많았다

나폴레옹의 꿈은 코르시카의 독립을 돕는 것이었다. 그렇게 생각한다면 그는 군사학이나 정치학 책만을 읽었을 것이라고 생각하기 쉽다. 하지만 그의 독서 범위는 우리의 상상을 초월하게 넓다. 그는 다방면의 분야를 가리지 않고 책을 읽었다. 그 이유는 그의 호기심에서 찾는다. 그는 누구보다 호기심이 강했고 여러 분야에 대해 관심이 많았다. 그 결과 그가 점령한 영토보다도 그가 점령한 책의 범위가 더 넓다고 평해진다. 이렇게 방대한 독서를 가진 사람으로는 일본의 다치바나 다카시라는 사람이 있다. 그 사람은 몇 년 만에 분야를 바꾸어가면서 책을 읽는 방식으로 엄청난 책을 읽었다고 한다. 책은 서로 서로가 각각 다른 분야인 것 같지만 깊숙이 파고들면 서로 연결됨을 알 수 있다. 그것을 하나로 꿰뚫게 될 때 우리는 공자의 학습과 동일한 것을 느낄 수 있고, 현대적으로 보자면 통섭을 하는 것이라고도 말할 수 있다.

나폴레옹의 독서는 일견 어떤 분야는 전혀 쓸데없다고도 말할 수 있을 것이다. 군인인데 왜 다른 분야의 책까지 보아야 하느냐고 의문을 가지는 사람도 있을 것이다. 하지만 그가 읽은 여러 분야의 책은 결국 그가 황제가 되는 데 도움을 주었다.

현대의 책 읽기도 자신의 분야에 매몰되는 경우가 많다. 자신의 전공 분야 이외의 책에는 완전히 무관심한 경우가 많다. 하지만 최근의 경향은 서로 연결하거나 공동 연구를 하는 경우가 늘어나고 있다. 그것은 지식의 통섭이고, 여러 분야가 통합되었을 때 막강한 힘을 가지는 경우가 많은 것이다. 그렇기에 미래를 준비하는 학생의 경우에는 호기심을 가지고 분야를 가리지 말고 여러 분야에 책을 읽을 것을 권한다. 그것은 절대 시간 낭비나 손해 보는 장사가 아니고 나중에 더 크게 자신의 분야를 하는 데 도움을 줄 것이라는 것을 믿는다.

성공 비결 10- 고전으로부터 현대 책까지

나폴레옹의 독서에 대해 소개하려고 한다. 흔히 나폴레옹은 책을 많이 읽었다고 한다. 그래서 그냥 독서광이라고 소개하는 책이 많다. 하지만 그가 어떤 분야를 읽었으며 그의 독서가 어떠했는지에 상세히 기술하는 책은 없다. 나폴레옹의 시절에 책은 그렇게 많지 않았다. 책이 매일 쏟아져 나오는 것은 최근의 일이다. 그런 점에서 나폴레옹이 7,000~8,000권 정도의 책을 읽었다는 것은 그 시대에 나온 책의 거의 대부분을 나폴레옹이 읽었다고 보면 될 것이다. 그것은 주로 고전이었던 것으로 보인다. 그것 말고도 나폴레옹은 전장에 새 책을 가지고 가서 읽었다고 한다. 그는 옛날 책을 읽음과 동시에 새로운 지식이 담겨있는 책에도 관심을 가졌다는 이야기이다.

그래서 현대인들에게 독서법을 하나 소개하자면 그것은 고전부터 최신 책까지 읽어보라는 것이다. 고전 같은 경우 도서관에도 잘 비치되어 있으므로 도서관에서 빌려보면 될 것이다. 최신 책은 서점에 가서 사는 수밖에 없을 것이다. 고전은 고전대로 소중하고 최신 책은 최신 책대로 소중하다. 고전 같은 경우 주로 역사서 같은 것을 보면 도움이 된다. 그리고 최신 책은 과학 관련 책을 읽기를 권한다. 그것은 과학의 분야의 발전은 너무도 빨라 금방금방 변하기 때문이다. 저자 역시 사기와 같은 역사책은 도서관에서 빌려보았으며, 미치오 카쿠와 같은 과학자의 저서는 사서 보았다.

옛말에 온고지신이라는 말이 있다. 옛것을 익히고 새로운 것을 알면 능히 남의 스승이 될 수도 있다고 하였다. 그런 점에서 고전부터 최신 책까지 두루 보는 독서법은 스승이 되는 지름길이다.

성공 비결 11- TV시청은 노 노

나폴레옹 시절에는 티비가 없었다. 하지만 나폴레옹이 티비에 빠졌다면 오늘날의 영웅 나폴레옹은 없었을 것이다. 아마 나폴레옹 시절에는 연극과 같은 것들이 티비의 대용이었던 것으로 보인다. 하지만 나폴레옹은 연극을 보는 데 빠지지 않았다. 나폴레옹처럼 독서하기로 마음먹은 사람이라면 티비 시청을 중단하기를 권한다.

여자들은 주로 드라마를 보고 남자들은 스포츠나 뉴스를 보는 것이 일반적이다. 하지만 이것들은 안 보고도 살 수 있는 것들이다. 실제로 저자는 티비를 안 본지 10년 정도 되는데 사는데 아무 지장이 없다. 물론 가끔 뉴스 같은 것을 보는데 그렇게 자주 보지는 않는다.

저자는 그 시간에 대신에 책을 읽었다. 저자가 서른 살에 졸저를 여러 권 낼 수 있었던 것은 오직 독서에서 온 것이다. 티비를 봐서는 별로 쓸만한 내용은 없다. 가끔은 영화를 보는데 영화는 완성도 높은 작품이라고 생각하기 때문에 가끔 보면 많은 도움이 된다.

티비 시청이 줄 수 있는 유익에도 불구하고 티비를 보지 말라는 것은 여러 이유가 있다. 하나는 그것이 수동적인 작동 과정을 거친다는 것이다. 티비를 보면 그것을 받아들이는 수동적인 역할을 하게 된다. 그에 비해 독서는 적극적인 두뇌의 활동이 필요하다. 그것은 여러 실험이나 뇌파 영상을 통해 입증된 바 있다. 두 번째는 그것의 광고 때문이다. 중간에 나오는 광고는 소비 욕구를 부추겨 자본주의에 종속하게 만든다. 여러 작가들은 이미 이에 대해 말한 바 있다.

나폴레옹과 나비

나폴레옹은 황제가 되었다. 그것은 인간으로서 최고의 존재가 되었다는 것을 의미한다. 나폴레옹의 성장 과정은 곤충에 비할 수 있을 것이다. 우리는 초등학교 때 나비의 한살이에 대해 배우는 데 바로 그 쉬운 이야기이다. 나비는 알에서 깨어나 애벌레가 되고 애벌레에서 번데기 과정을 거쳐 나비가 된다. 우주에서 한 외계인이 나타나 애벌레와 나비를 본다면 두 개의 생명체에 아무 관계가 없다고 생각할 것이다. 하지만 꿈틀꿈틀 기어다니는 애벌레를 나비로 바꾸는 힘은 어디에 있을까. 그것은 여러분도 잘 알다시피 바로 번데기에 있다. 번데기는 겉보기에 죽은 것처럼 보인다. 아예 무생물 같아 보인다. 움직임도 없고 반응도 없다. 하지만 그 답답한 번데기 과정을 거치면 놀랍게도 하늘을 날아다니는 나비가 된다.

나폴레옹은 물론 곤충이 아니고 포유류이지만 이런 나비와 같은 과정을 거쳤던 것이다. 어린 시절 나폴레옹은 애벌레 같았다. 하지만 그는 왕따를 당한다. 왕따 시절은 나폴레옹에게 있어 번데기였다. 아무도 만나지 않고 다락방에서 책만 읽던 시절 그것이 바로 번데기 시절이었던 것이다. 겉으로 보면 나폴레옹은 모든 것을 포기한 것처럼 보였고 반응도 보이지 않고, 대화도 하지 않고 ,그냥 방에 처박혀있었던 것이다. 나폴레옹은 장군을 포기했다고 비꼬는 사람들도 있었다. 하지만 그 시간은 헛된 것은 아니었다. 그렇게 처박혀있는 동안 그는 나비로의 삶을 새롭게 준비했던 것이다. 번데기로서는 그것은 세포의 변화였으며, 나폴레옹에게는 독서를 통한 정신의 개조였다.

결국 나폴레옹은 뛰어난 장군이 되었고 나비로서의 화려한 삶을 새롭게 시작했다. 그리고 짝도 만났고, 알도 낳으며 삶을 만끽할 수 있었던 것이다.

나폴레옹과 김두환

나폴레옹은 장군이었지만, 그것은 김두환과는 조금 달랐다. 김두환이 두목이었고 싸움에 능했다면 나폴레옹은 전략과 전술에 능했다. 물론 나폴레옹도 싸움을 잘하기는 했을 것이다. 하지만 그는 사람을 이끄는데 능했던 전략가였다. 그런 점에서 나폴레옹은 김두환을 닮기보다는 한

신과 비슷하게 여겨진다. 김두환은 길거리 싸움의 고수였다. 육중한 그의 육체가 떠올라 날라차기를 하면 상대는 쓰러지곤 하였다. 또한 김두환은 머리가 비상했다. 두목의 자리란 쉬운 것이 아니다. 육체적인 우월함과 더불어 지략이 뛰어난 사람이어야 두목의 자리를 책임질 수 있는 것이다.

강해지고자 하는 욕망은 뭇 남성들의 로망이다. 이런 욕망은 만화 『드래곤볼』에 잘 나타나있는데, 새로운 강자와의 싸움을 통해 강해져가는 주인공들의 이야기를 그리고 있다. 나폴레옹이나 김두환이나 강한 힘에 대한 욕망을 가졌던 사람들이다. 그리고 그 힘에 대한 욕망은 오늘날에도 이어져, 이들의 이야기가 널리 알려지고 있다.

성공 비결 12- 목숨을 걸어라

알다시피 군대는 목숨을 거는 곳이다. 적군과 총칼을 들고 싸우는 장소이기 때문이다. 그런 점에서 나폴레옹은 목숨을 걸었다고 볼 수 있다. 그렇게 목숨을 걸었기에 그는 최고의 성공을 거둘 수 있었던 셈이다. 총칼은 그를 피해갔고 그것은 그가 운이 좋았다는 것을 나타내기도 한다. 저자는 사회복무요원을 했지만 하는 종종 악몽에 시달렸다. 한 악몽은 총을 들고 서로 겨누고 쏘아야 하는 상황이었다. 그것은 상대를 죽일 수도 있고 내 심장에 총알을 맞고 죽을 수도 있는 일이었다. 다행히 상대가 총을 맞으면서 깨어났지만 여간 끔찍한 것이 아니었다.

나폴레옹은 이와 비교도 할 수 없을 것이다. 그는 현장에서 실제 전투에서 늘 지휘를 하고 싸워야 했던 사람이기 때문이다. 그는 목숨을 걸었고, 그 목숨을 건 대가로 높은 지위를 얻게 된 것이다.

마음이 흔들릴 때는 글을 써라

나폴레옹은 법전을 제작하였다. 그것은 그가 얼마나 법에 대해 공부를 많이 했음을 알려주는 것이다. 장군이 되지 않았다면 그는 법률가가 되었을지도 모른다. 현대에도 글쓰기가 필요하다. 그것은 최근에 많이 알려진 것으로, 책을 내는 사람들도 증가하게 되었다. 저자는 먼저 쉬운 글쓰기부터 시작해보라고 권한다. 저자 역시 스무 살부터 처음 5년 동안은 짧은 일기와 서평밖에 쓰지 않았다. 짧은 일기나, 편지 같은 글을 쓰면 글쓰기의 감을 잡을 수 있다.

일기는 어린 시절에 했던 거라 우습게 볼 수도 있지만 잘 쓰면 훌륭한 문학작품이 될 수도 있다. 이순신의 『난중일기』 같은 경우가 그런 것이다. 편지글도 그냥 상대와 나만이 보는 것이라고 생각하기 쉽지만, 김대중 대통령과 같은 경우는 『옥중서신』이라고 하여 그것이 책으로 나오기도 하였다.

그런 점에서 글쓰기는 어렵게 생각할 것이 없으며, 쉬운 글쓰기부터 시도하는 것이 좋다. 저자 역시 어린 시절부터 글쓰기를 잘했던 것은 아니다. 일기도 쓰기 싫어 한 달씩 몰아 쓰던 사람이었다. 하지만 20살 때부터 다시 시작해 여러 권의 졸저를 낼 수 있었다.

성공 비결 13- 준비해라

　나폴레옹은 준비하고 있었다. 그것은 그의 어린 시절부터 끈질기게 준비한 것이다. 준비하고 있으면 기회가 온다. 그것이 세상의 법칙이다. 시험을 앞두고 준비를 하면 좋은 성적을 거두듯이 이 같은 경우도 마찬가지이다. 미리 치밀하게 준비하면 자연스럽게 좋은 결과를 얻게 된다. 준비 시간이 부족하거나 대충한다면 금방 티가 나게 되어있고 일이 잘 흘러가지 않는다.

　필자에게 있어 아이들을 가르치는 것도 마찬가지였다. 미리 준비를 하면 수업은 쉬이 흘러가게 되어있다. 하지만 준비를 하지 않으면, 그저 시간 때우기 식으로 되기 쉬었다.

　결혼 역시 마찬가지일 것이다. 준비를 하게 되면 잘 이루어지고, 준비하지 않는다면 결과는 좋지 않을 것이다.

　기획사의 아이돌도 마찬가지일 것이다. 준비된 기간이 오래되면 자연스럽게 성공적인 데뷔를 할 가능성도 높아지는 것이다. 지드래곤은 13살부터 기획사에 들어가서 준비를 했다고 한다. 결국 빅뱅이라는 아이돌 그룹이 탄생할 수 있었다.

나폴레옹은 둘째 아이였다

　나폴레옹은 둘째 아이였다. 그의 형은 성직자의 길을 갔다. 만약 형제의 성격이 비슷했다면 둘 다 장군이 되었을지도 모른다. 하지만 그 둘의 재능과 성격은 판이했다. 나폴레옹이 단지 씨가 다른 유전이라고 생각하는 사람이 있을지도 모른다. 하지만 만약 그렇다면 나폴레옹의 형제들도 똑같이 나폴레옹처럼 황제가 되어야 할 것이다. 하지만 그렇지 않다는 것을 보면 나폴레옹의 성공은 단지 유전이 아니었음을 말한다. 나폴레옹의 성공은 그가 개척한 환경과 독서에 있다고 보인다.

나폴레옹의 독서

나폴레옹과 돈

　　나폴레옹 역시 돈에서 피해갈 수는 없었다. 현대나 과거나 돈의 신 바알세불에게 지배당하고 있다는 이야기도 있다. 그 당시에도 역시 돈은 중요했다. 하지만 그는 돈이 부족했다. 소위의 월급으로는 즐길 수는 없었다는 이야기였다. 그는 그 적은 돈을 짜내 책을 사는 데 사용했다. 아마 그 당시에는 도서관이 없었던 것으로 생각된다. 책을 읽으려면 서점에서 사는 수밖에 없었을 것이다. 그는 돈을 저금할 수도 있었고 방탕하게 사용할 수도 있었지만 책이라는 미래에 투자한 것이다. 결국 그의 투자는 성공을 거두었고 그는 황제가 되어 최고의 부를 누리게 된 것이다.

　　흔히 투자하면 돈에 부동산이나 주식에 투자하는 것이라고 생각하기 쉽지만, 사실 진정한 투자는 교육에 투자하는 것이다. 워렌 버핏 역시 읽기를 중시했다. 그리고 가장 투자 수익이 좋고 안정적인 것이 교육에 관한 투자라고 한다. 독서는 그 교육의 기본이라고 보이는 것이다.

나폴레옹과 연애

나폴레옹은 세 명의 여자와 교제하고 두 번의 결혼을 했다. 지금과는 다른 프랑스 국가의 이야기이므로 오늘날과 비교하기에는 문제가 있다. 이것은 나폴레옹이 여자를 멀리하는 스타일은 아니었다는 것을 보여준다. 그는 종교적이기보다는 속물적이었다. 그렇다고 그가 여자와 돈밖에 모르는 인물이었다는 것은 아니다. 그에게는 더 큰 꿈과 희망이 있었고, 그 과정에 여자 역시 거부하지 않았다는 것을 말한다. 나폴레옹은 유부녀 역시 가리지 않았다. 그래서 조세핀이라는 여자와 결혼까지 이르게 된다.

현대의 프로이트 이론은 모든 것의 원인을 성욕에서 찾는다. 그 프로이드 이론이 진실이라면 나폴레옹 역시 성욕 충족을 위해서 살았던 셈이다. 그리고 그는 그 성욕을 충분히 채웠던 것으로 보인다.

나폴레옹과 의식

나폴레옹에게는 주인 의식이 있었다. 그것은 주인의 입장에서 생각하는 것을 말한다. 나폴레옹은 "내가 법이다!"라고 외치면서 전장에 나갔던 것 같다. 나폴레옹은 병사들이 자신의 말에 따르기를 바랐고 앞장서서 솔선

수범했던 것으로 보인다. 한 분야의 리더가 되는 것은 쉬운 일은 아니다. 저자가 했던 초등교사도 마찬가지였다. 30명 정도의 아이들의 담임이 되는 것은 쉬운 일은 아니었다. 아이들은 말을 안 듣거나 사고를 치기 일쑤였고 저자는 그런 상황 속에서도 제자리를 유지하고 있어야 했다.

나폴레옹 역시 수많은 병사들을 거느리는 것이 쉽지는 않았을 것이다. 하지만 그는 포기하지 않았고 결국 그의 뜻대로 병사들이 움직이게 되었던 것이다.

나폴레옹과 게임

학생들의 공부의 적은 요즘은 게임이다. 게임을 하느라 공부를 등한시하는 경우가 많은 것이다. 심하면 게임 중독에 이르기도 하다. 피씨방에 파묻혀있거나 요즘은 스마트폰 게임에 중독되는 경우도 많다. 나폴레옹 시절에도 게임은 있었다. 그것은 도박 같은 것들이었다. 요즘에도 도박은 문제가 된다. 얼마 전에는 한 스포츠 집단이 원정 도박을 해서 문제가 된 적이 있다.

나폴레옹 역시 현실을 비관해서 도박 중독 같은 데 빠질 수도 있었다. 아니면 술을 진탕 마셔 알코올 중독에 빠질 수도 있었을 것이다. 안 될 것 같은 현실은 좌절감을 주고 사람들을 방황하게 만들기 때문이다. 하지만 나폴레옹은 소외되고 불리한 위치에서도 흔들리지 않았다. 술이나 도박과 같은 것에 완전히 선을 그은 것이다. 이 같은 결단이 나폴레옹을 위대하게 만들었다고 생각한다. 많은 사람들이 위대할 수 있는 씨앗을 갖고 있으면서도 그렇게 되지 못한 것은 사소한 것들에 목숨을 걸기 때문이다. 중요치 않은 것들이 인생을 잠식하지 못하도록 단단히 마음을 먹으면 우리는 위대한 삶을 살아갈 수도 있다.

성공 비결 14- 나폴레옹은 기다렸다

나폴레옹은 35살 때 황제가 된다. 그것이 너무도 젊은 나이라고 생각하는 사람이 많은 것이다. 너무 젊은 나이에 모든 것을 이루었다고 여길 것이다. 하지만 나폴레옹이 처음 황제의 꿈을 품은 것은 7살이었다. 그는 28년을 인내하고 기다렸던 것이다. 그래서 사실상 그의 성공은 이른 것은 아니고, 오히려 늦었다고도 보인다. 이런 인내의 화신은 일본에도 있다. 그것은 도쿠가와 이에야스로 약 18년을 인내하면서 기다렸다. 우리나라에도 없는 것은 아니다. 김대중 대통령도 대통령이 되기 위해 30여 년의 세월을 인내하고 기다렸다. 트럼프 역시 30여 년의 기다림 끝에 70살이 넘어서야 대통령의 자리에 올랐다.

기다림은 어떤 성취를 위해 필수적인 조건이기는 하다. 우리는 기다리면서 에너지를 채울 수 있고 새로운 생각을 떠올릴 수도 있고, 여러 가지를 배울 수도 있다. 그런 점에서 기다림이라는 것은 괴로운 것만은 아니다. 그 기다림의 과정을 통해 우리는 성장해나가는 것이다.

나는 물건을 사러 줄을 사는 것도 괴로워하던 사람이었으나, 사회복무요원을 하면서 인내심을 조금 배우게 되었다. 내가 했던 사회복무요원은 동사무소 방위 같은 것은 아니었다. 그것은 공원에서 여러 가지 공원과 관련된 잡일을 하는 것이었다. 그것은 상당히 괴로웠고 하루하루 인내심을 발휘해야만 했다. 또 배우게 되었던 계기는 책을 내면서였다. 여러 책 중에서 한 권이 운 좋게 기획 출판을 되게 되었는데 내 생각처럼 빨리 나오지 않았다. 거의 1년의 시간을 기다린 끝에 나오게 되었는데 하루라도 빨리 나오기를 바라는 내 마음은 초조해서 피가 마를 지경이었다. 하지만 결국 책은 나왔고 기다리면 된다는 것을 알게 되었다.

나폴레옹의 위대성

보통 사람을 위대하다고 부르지는 않는다. 그렇다면 어떤 사람을 위대하다고 해야 할까. 나폴레옹은 그 위대성에 적절한 인물이다. 그는 낮은 위치에서 시작했으나 최고의 위치에 오른 사람이다. 그는 『위대한 개츠비』의 개츠비보다 훨씬 위대해 보인다. 그의 위대함은 그가 최고의 위치에서 보인 행동 때문이기도 하다. 그는 타락하거나, 마음대로 행동하지는 않았다. 그 위치에서도 최선을 다하려고 노력했던 사람이다. 그의 위대성은 그가 인생 절반에 걸쳐 태어나서부터 죽을 때까지 잠시도 쉬지 않고 노력했다는 것에서도 찾을 수 있다. 그는 쉼 없이 정상을 향해 달렸으며 새로운 목표를 향해 정진했다. 그것은 도를 닦는 스님과 비교해도 손색이 없다. 그는 인생에서 한 획을 그었고 역사적으로도 한 획을 그은 걸출한 인물이다. 그는 단순한 예찬의 대상은 아니다. 하지만 그는 한 인간으로서 최선의 모습을 보여주었다고 볼 수 있다.

나폴레옹과 걸리버

나폴레옹은 큰 인물이었다. 그는 내면의 자아를 깨워 거인이 되었다. 이는 걸리버가 소인국에 갔을 때의 모습과 비슷하다고 보인다. 그는 엄청난 거인이었고 나머지 사람은 그에 비하면 소인처럼 보인다. 그는 또한 운도 있었다. 전쟁에서 네잎클로버를 발견했고 그것을 얻으려고 고개를 숙일 때 총탄이 비켜 갔다고도 전해진다.

앤서니 라빈스는 네 안의 거인을 깨우라고 말한다. 인간의 내면에는 잠재력이란 것이 있다. 하지만 많은 사람들이 그것을 일깨우지 못하고 죽어간다고 한다. 가장 큰 비밀은 인간 내부의 잠재되어 있는 능력이다. 그렇다면 그것을 깨우기 위해서는 어떻게 해야 할까. 한 가지 방법을 알려주자면 벼랑 끝에 자신을 세우라는 것이다. 그것은 군사적으로는 배수진을 치는 것과 같다. 돌아가거나 도망칠 곳을 차단하고 오직 역경과 부딪혔을 때 극적으로 날개가 돋아나 하늘을 비행할 수 있다. 독수리가 솟구치듯이 역경의 파도를 넘어 더욱 높이 비상하는 것이다.

나폴레옹의 인간관계

나폴레옹이 어렸을 때 왕따를 당했다고 한다. 그 상황은 소위가 된 뒤에도 마찬가지였다. 그는 발음이 이상하거나, 코르시카에서 왔다거나 하는 문제는 아니었다. 그는 그 당시 인간에 대해 잘 몰랐던 것으로 보인다. 사람들과의 접촉도 없고, 왕따 비스무리하게 늘 당하던 그가 갑자기 변모하기 시작했다. 병사들이 그를 따르고 상사들도 그를 인정하기 시작한 것이다. 그런 극적인 변화는 어디에서 일어난 것일까. 그것은 일차적으로 책에서 온 것으로 보인다. 하지만 책만으로는 뭔가 부족하다. 우리 주위에는 책을 읽고도 인간관계가 좋지 않는 사람들이 여럿 보이기 때문이다. 오히려 독서에 대한 자만으로 오만함이 생겨 주위 사람과 협력을 잘 못 하는 경우도 있다. 그의 변신에는 그의 마음의 변화에 있다고 보인다. 그는 돈보다도 책보다도 인간이 가장 중요하다는 사실을 뼈저리게 깨달았다. 그것은 종교인들이나 많은 지도자들이 공통적으로 말하는 사실이기도 하다. 그것을 깨닫고 나서 나폴레옹의 인간관계는 완전히 변모하기 시작했다.

나폴레옹과 성격

나폴레옹은 무조건 착한 성격은 아니었다. 그는 대놓고 타인을 비판하는 스타일은 아니었으나 마음속으로는 욕을 많이 했을 가능성도 있다.

그것은 그의 스타일이기도 하다. 그는 장교로서 사람들을 이끌어야 했고, 그는 성직자는 아니었기에 특별한 인류애를 가졌던 것은 아니었다.

마키아벨리는 군주론에서 지나치게 착하고 이상적인 성격은 악한 자들 사이에서 파멸당하기 쉽다고 역설한 바 있다. 나폴레옹도 최고의 자리에 올랐기에, 단순히 착한 성격은 아니었다. 때론 교활하기도 했고, 때로 악하기도 했을 것이다.

나폴레옹의 주특기

나폴레옹의 주특기는 역시 군사학이었다. 그는 포병 장교로서 백 퍼센트 이상의 능력을 발휘했다. 그것은 그가 수학에 강했다는 장점이 크게 작용했다. 한국에는 달인이라는 김병만 씨가 있다. 그는 상당한 인기를 끌었다. 그에게도 주특기가 있었으니 그것은 무술이었다. 그는 무술을 바탕으로 쌓은 신체 능력을 가지고, 그것을 응용하여 달인이라는 코너를 만들어 사람들의 박수를 받았다. 현대를 살아가는 현대인에게도 똑같은 물음은 적용된다. 즉 그것은 나의 주특기는 무엇인가 하는 것이다. 주특기는 군대에서 사용되는 용어이기는 하지만, 사회에서도 마찬가지로 물어보는 것이기도 하다. 자신만의 장점이 없는 사람은 사회 속에서 자리 잡기가 힘들 것이다. 자신만의 장점이 있는 사람은 회사나 사회의 집단뿐 아니라 개인적으로 독립하여 프리랜서 형식이나 1인 기업가로 활동할 수도 있을 것이다. 그것은 꿈만 같은 일은 아니다. 자신의 장점을 살리고 꾸준히 준비하는 자는 사회적으로 여러 곳에서 요청을 받는 일이 발생하기도 한 것이다. 이런 1인 기업가의 모습으로는 공병호 씨를 들 수 있다. 그는 1인 기업가가 되라는 책도 편찬한 적이 있고 스스로가 1인 기업가로서 활동하기도 하였다.

노예에서 황제로

그는 알려진 바와 같이 코르시카라는 작은 식민지에서 태어났다. 그의 출생은 노예였던 셈이다. 그가 30여 년간의 지독한 노력 끝에 결국 황제가 된다. 이것은 하나의 감동 스토리로, 현대 사회에서도 계속 반복되어 재생산되는 스토리이기도 하다. 요즘에도 쏟아져나오고 있는 그런 성공 스토리의 원조 격이 된다고 볼 수 있다.

그는 시작은 별 볼일 없었지만, 노력과 운, 환경이 결합되면서 차츰 자리 잡게 된다. 그것은 단순한 운은 아니었다. 그리고 단순한 노력도 아니었다. 그 모든 것은 완벽하게 맞아 떨어지면서 그의 비상을 도왔던 셈이다.

노예에서 황제가 되는 스토리는 역사적으로 그렇게 많지 않다. 동양에는 칭기즈칸이나 주원장 정도이고, 서양에서는 딱히 떠오르는 인물은 없다. 그의 극적인 비상은 많은 사람들에게 나도 할 수 있다는 자신감을 심어준다. 회사의 경우 일개 신입사원에서 CEO까지 오르는 것이 이와 비슷한 스토리이다. 정주영 씨가 그렇게 나폴레옹 스토리에 반한 것은 나폴레옹과 자신의 신세가 어렸을 때는 비슷했다고 여겼기 때문일 것이다. 실제 정주영 씨는 대권에도 도전했으니, 만약 그가 대통령이 되었다면, 나폴레옹의 삶을 그대로 체득해 성공을 거두었다고 볼 수도 있었을 것이다.

많은 사람들이 시련을 겪고 있다. 그것은 낮은 직책의 사람들이나 아니면 상당한 직책의 사람들도 마찬가지이다. 결국 인생의 승부는 그런 시련을 어떻게 극복하느냐에 달려있다. 그런 시련을 잘 극복해 앞으로 나아가는 사람은 나폴레옹의 스토리를 그렇지 않는 사람은, 실패를 맞이할 수 받게 없을 것이다.

나폴레옹과 문학작품

나폴레옹의 이야기는 후세의 많은 사람들에게 영향을 주었다. 그리고 책으로 만들어져 전승되고 있는 형편이다. 그렇기에 문학작품에서도 나폴레옹의 스토리가 종종 다뤄지곤 한다. 톨스토이의 삼대 대작이라고 불리는 작품 중의 하나인 『전쟁과 평화』는 러시아와 프랑스의 전쟁을 배경으로 하고 있다. 한편 톨스토이에 필적하는 도스토예프스키 역시 나폴레옹의 이야기를 다루었다. 그의 작품 『죄와 벌』에는 나폴레옹 이야기에 몰입한 라스콜리니코프가 살인을 저지르고 벌을 받는 과정이 그려지고 있다.

이렇듯 나폴레옹의 이야기는 기업인이나, 사회인, 문학인 등 여러 분야의 다양한 사람들에게 영감을 주었고, 삶을 앞으로 전진하게 만드는 촉

매제가 되었던 셈이다.

물론 그는 완벽한 성공을 거두지는 못했다. 그의 말년은 실패로 물든 실패기이다. 하지만 그럼에도 사람들은 그의 삶에 열광하며 그의 삶을 동경하기도 하는 것이다.

나폴레옹의 발전은 극적이다

나폴레옹의 인생사를 놓고 보면 그의 발전은 극적으로 보인다. 그것은 그가 계단식으로 발전하는 것이 아니라 갑자기 급성장을 했다는 이야기이다. 메시나 호나우도도 처음에는 지금과 같은 실력을 보인 것은 아니었다. 하지만 어느 순간 그들은 신화가 되어있었다.

왜 이런 현상이 일어나는 것일까. 그것은 우연은 아니고 과학적으로 설명이 가능하다. 이것은 자전거 타기에도 적용되는 것이다. 끝없이 넘어지다가 갑자기 감을 잡고 잘 타게 되는 것이다. 이것은 수영도 마찬가지이고, 공부도 마찬가지이다. 안 풀리던 문제가 갑자기 풀리기 시작하고, 몰랐던 것이 갑자기 깨달아지기도 하다. 그것은 순간적인 찰나의 순간에 깨닫고 변화하는 것이다. 그것은 우리 두뇌의 학습 메커니즘으로 보인다. 머리로 이해를 하든 운동 근육을 사용하든 그것을 갑자기 깨닫는 순간이 오는 것이다. 그래서 성경에는 일순간에 모든 것이 바뀔 수도 있다고 말한다. 김연아, 손연재와 같은 스포츠 선수들도 마찬가지였을 것이다. 되지 않았던 동작이 노력 끝에 어느 순간에 되는 경우가 그것이다. 필자의 경우, 수학 공부나, 워드 시험 같은 경우에서 갑자기 실력이 급상승하는 것을 경험했다. 합기도에서도 마찬가지였다. 안 되던 동작이 어느 순간 갑자기 되기 시작하는 것이다.

그래서 필자는 포기하지 않고 꾸준히 하면 언젠가는 깨닫고 할 수 있다는 신념을 가지고 있다. 당신이 하고자 하는 일이 무엇이건 결코 포기하지 않으면 언젠가는 문리가 트이고 시야가 넓어지는 경험을 하게 될 것을 믿는다.

나폴레옹과 돈

돈은 과거나 지금이나 중요하게 여겨진다. 예전에는 돈의 신 바알세불이라는 신에게 기도하고 그에게 의지하는 사람이 많았다고 한다. 사회적으로 돈이 얼마나 중요했는지를 알 수 있다. 그래서 역사적으로 오랜 시간 동안 인간은 돈을 좋아했고 부귀영광을 누리는 것이 인간들의 꿈이기도 하다. 이것은 미래에도 마찬가지일 것으로 보인다. 모두가 풍요를 누리는 시대가 올지도 모르지만 그 반대일 수도 있다. 이것은 흡사 『은하철도 999』라는 만화처럼, 부자와 빈자가 갈려져 거주지조차 분할되는 일이 벌어질지도 모른다. 이 같은 현상은 현대에도 조금씩은 있는 일이기도 하다. 한국 같은 경우 강남과, 시골의 차이라고 볼 수 있다. 미국은 뉴욕과 할렘의 차이일 것이다.

이 같은 현상은 물론 돈 때문이다. 나폴레옹 시대도 마찬가지였을 것이다. 그는 어떻게 돈의 유혹을 극복했을까. 나폴레옹은 소위라는 적은 월급으로 생활했기 때문에 돈이 여유롭지 않았다. 그나마 있는 돈은 책값으로 사용했기 때문에 어려운 형편이었다. 결국 그는 아마 쪼들리는 생활을 했을 것이고, 마음껏 인생을 즐기지 못했을 것이다. 하지만 그 어려운 시절 동안 그의 마음은 돈에서 자유로운 마음가짐으로 변모했음에는 분명하다. 결국 그는 황제에 올라 부귀영화를 누렸지만, 그것에 매몰되거나 빠지지는 않았다. 가난했던 과거가 도움이 되었던 셈이다.

필자 역시 그렇게 풍요로운 집안에서 태어나지 않았다. 받은 용돈은 적었고, 그것 역시 밥값이나 책값으로 들어가는 경우가 많았다. 제대로 된 월급을 받은 것은 26살에 임용 시험에 합격하고 교사가 된 뒤의 일이었다. 돈의 중요성은 군인이었을 때 많이 느끼게 되었다. 받은 월급은 겨우 밥값 정도였고, 상당히 쪼들리는 생활을 했다. 돈이 없어서 하루는 3,000원밖에 가지고 있지 않을 때도 있었다. 하지만 결국 깨달은 것은 부는 물질임에 분명하나, 그것을 넘어 마음가짐에 있다는 것이었다. 마음의 부를 이루면 물질적인 부는 자연히 따라온다. 그것은 필자가 지어낸 이야기가 아니라 여러 부자들이 실제로 한 말이기도 하다.

영웅에게는 공통적인 것이 있다

　필자는 책을 좋아하기에 여러 책을 읽은 바 있다. 그중 자주 읽는 책들 중 하나는 영웅들에 대한 이야기이다. 그들의 이야기를 읽으면서 고양되기도 하였고 많은 것을 느끼기도 하였다. 그런데 그들은 하나의 공통적인 것이 있었다. 그것은 무엇일까. 그것은 바로 자신감이다.

　처칠의 경우 신이 자신을 지켜준다는 믿음을 가지고 있었다. 그렇기에 전쟁의 현장에 나서 앞장서서 싸우곤 했다. 신이 전장에서 개죽음으로 자신의 인생을 끝내지 않을 거라는 확신을 지녔기 때문이었다. 그런 처칠의 자신감은 결국 그의 승리를 불러왔던 것이다. 카이사르 역시 대단한 자신감의 소유자였던 것으로 보인다. 그는 전쟁에서 이기고 "왔노라, 보았노라, 이겼노라."라는 짧은 말을 남겼다. 그의 자신감은 그가 황제에 오르게 하는 밑거름이 되었던 것으로 보인다.

　동양에서 찾아보자면 우리가 익히 알고 있는 삼국지 속의 조조를 떠올려본다. 조조는 '내가 세상을 배반 할지언정 세상이 나를 배반하게 할 수 없다'는 말을 남겼다. 결국 자신이 세상 속의 가장 중요한 인물이며, 세상은 자기 뜻대로 흘러가야 한다는 조조의 속마음을 알 수 있다. 그것 역시 대단한 자신감이 아닐 수 없다.

　이런 영웅들의 자신감은 현대 사회에서 많이 응용되곤 한다. 세일즈에도 이런 자신감을 이용하는데, 자신감을 북돋우기 위한 자료들이나, 세미나가 열리기도 한다. 세일즈맨의 자신감은 곧 물건 판매로 이어지기 쉽기 때문이다.

나폴레옹의 자신감은 앞서 말한 바와 같이 '나의 사전에 불가능은 없다'로 축약될 수 있다. 그의 자신감이 병사들의 마음을 하나로 모으고, 승리를 불러왔음에 분명하다.

나폴레옹과 담배와 술

나폴레옹은 담배와 술을 하지 않았던 것으로 보인다. 그것은 그가 어린 시절 소위로 임관했을 때부터 꾸준히 지켜온 것이다. 그는 주로 쉬는 시간에 책에 몰입했다. 이는 술과 담배를 즐겨했던 처칠과는 대비된다. 결국 나폴레옹은 완벽에 가까운 자기 관리 능력이 있었다. 그는 여러 압박적인 상황과, 스트레스가 있었음에도 그에 굴하지 않고 자신의 뜻을 관철하였다.

물론 술은 어디까지나 기호품이다. 적절히 조절할 수만 있다면 크게 문제가 되지는 않는다. 오히려 금욕적인 성격이었던 히틀러가 최악의 범죄를 저지르기도 했다.

정말 책만 읽으면 되는가?

나폴레옹이 평생에 걸쳐 수많은 책을 읽었기에 나도 한번 책을 읽어볼까 하는 사람들이 많을 것이다. 그렇다면 정말 책만 읽으면 되는 것일까. 여기에 대해서 말하고자 한다. 히틀러 역시 젊은 시절부터 책을 수없이 읽었지만 그의 사상은 잘못된 것이고 사상 최악의 범죄를 저질렀다. 그래서 책을 읽는 사람들은 히틀러와 같은 독서를 피해야 할 것이다. 나는 책을 많이 읽었는데 인생에 변화가 없다는 사람들도 있다. 그것은 왜일까. 그것은 실천을 하지 않았기 때문이다. 하나의 책을 읽고 실천할 거리를 적어보고 그것을 실천에 옮기는 사람은 분명 인생이 바뀐다. 또 한 가지 방법은 글을 써보는 것이다. 여러 책을 읽고 자신만의 글을 쓰는 사람은 작가로 활동할 수도 있는 것이다. 글을 쓰지도 않고 실천도 하지 않는 사람이라면, 책은 그저 시간 보내기로 전락할 가능성도 있다.

나폴레옹과 용기

나폴레옹은 용기가 있었다. 미인은 용기 있는 자가 차지한다는 말도 있다. 그렇기에 용기는 중요한 것이다. 한때 『미움받을 용기』라는 책을 통해 용기의 중요성이 다시금 환기되기도 하였다. 그만큼 용기는 예나 지금이나 중요한 덕목이라고 볼 수 있는 것이다. 더욱이 나폴레옹은 장군이었다. 장군이 겁쟁이라면 부하들은 따르지 않을 것이 분명하다. 그는 제일 앞장서야 했고 가장 먼저 나서야 했고, 자신부터 모범을 보여야 했던 것이다. 그런 점에서 나폴레옹은 두려움을 넘어서 용기 있는 행동을 했어야 했고 실제로 모범을 보였던 것이다.

영웅기가 정말 도움이 되는가?

나폴레옹이 제일 좋아하는 책은 『플루타르크 영웅전』이었다. 나폴레옹은 이 책을 반복해서 읽었다. 플루타르크 영웅전은 옛날 영웅들의 모습을 그려낸 작품이다. 그렇다면 영웅기는 정말 도움이 되는가? 이지성 작가는 자신감이 없는 아이들에게 위인전을 읽히라고 말을 한다. 그것이 자신감을 심어준다는 이야기이다. 저자 역시 독서 교육을 하고 싶었지만 저자는 읽어야 할 책을 정해주지는 않았다. 스스로의 흥미에 의해 독서에 흥미를 가지고 습관을 심어주는 것이 먼저라고 생각했기 때문이었다. 하지만 이 같은 위인전이 효과를 거두었다는 이야기는 여러 책에서 살필 수 있었는데 대표적인 것은 유관순이다. 유관순은 하늘에서 뚝 떨어지거나 스스로 깨달아 독립 운동을 한 사람은 아니다. 그녀는 스승이 있었고, 잔다르크의 자서전을 읽고 나서 자신도 조국을 위해 힘써야겠다고 깨달았다고 한다.

나는 여기서 한발 더 나아가 영웅들을 직접 만나는 것이 더 효과적일 것이라고 생각한다. 미국의 클린턴 대통령은 케네디 대통령을 만나고 그의 덕담에 자신감을 얻어 결국 미국의 대통령이 된다. 이 같은 사례는 많다. 한 미식축구를 배우던 아이는 그의 영웅과도 같은 선수를 만나 결국 그의 기록을 모두 깨버리고 만다. 우리나라의 경우 김연아 선수는 미셸콴을 만나고 자신의 목표를 뚜렷하게 확립하게 된다. 결국 그녀는 올림픽에서 금메달을 딴다.

이같이 직접 만나는 것이 좋고 차선책으로 책으로 영웅을 찾아도 좋다. 그 방법은 자유이다. 그리고 그것은 분명히 효과가 있는 것으로 보인다.

변신의 방법

이 책의 주제는 나폴레옹에게 현대에서 비상하는 방법을 배워보는 것이다. 그렇다면 이 책의 주제는 변화를 다루고 있는 셈이다. 그렇다면 어떻게 하면 변화, 그리고 변신과 같은 것을 이룰 수 있을까. 나는 여러 변화에 대한 책을 읽고 생각한 결과 변화에는 크게 두 가지 방법이 있는 것으로 추정한다. 첫 번째 방법은 외면을 바꾸는 것이다. 옷을 바꾸거나 헤어스타일, 치아 미백, 치열 교정, 성형 수술, 라식, 신발 교체와 같은 것이다. 이 같은 방법은 예전에 미국의 쇼프로그램에서 나온 바 있다. 전신을 바꿈으로써 자신감을 되찾고 인간관계가 좋아졌다는 스토리이다. 다른 방법은 인간의 내면을 바꾸는 것이다. 이를테면, 마음가짐, 성격, 태도와 같은 부분을 바꾸는 것이다.

이 두 가지 방법은 모두 효과가 있는 것으로 보인다. 하지만 두 번째 방법이 더 근본적이고 지속적이며 영속적인 것으로 보인다. 그리고 마음의 변화는 육체의 변화를 가져오기도 한다. 반대로 육체의 변화는 마음의 변화를 가져 올 수도 있다. 외면을 바꾸는 방법은 세일즈맨에게도 많이 쓰인다. 비싼 차를 구입하고 호텔에 가서 밥을 먹는 것이다. 그러면 승리 기분과 성공한 기분을 느낄 수 있다는 것이다. 실제로 매출이 오르고, 결국 성공하게 되는 것이다.

내면의 바꾸는 방법은 종교에도 많이 쓰인다. 예로 들기에는 너무 높은 존재이지만 붓다가 그러했다. 그는 명상을 통해 내면을 완전히 바꿈으로서 득도해서 모든 것을 바꾸어버린 사람이다.

어떤 방법을 선택하든 그것은 당신의 몫이다. 변화를 원하는 사람이라면 내부든 외부든 변화를 시도해야 하는 것이다.

나폴레옹은 변호사

나폴레옹이 엄청난 법률 서적을 읽었다는 것은 그가 나폴레옹 법전을 만든 것에서 유추할 수 있는 내용이다. 그는 장군이 되지 않았더라면 변호사가 되었을 지도 모른다. 그는 사실 법률가의 길을 가고 싶었는지도 모른다. 그렇다면 그는 진로를 잘못 간 것이라고도 보인다. 사실 진로를 자신이 원하는 곳, 자신의 적성에 맞는 곳에 가는 사람은 드물다. 결국 원치 않는 길에서도 승부를 내야 하고 진정 자신이 원하는 곳에서도 이룰 수 있어야 한다. 필자 역시 전혀 원하지 않는 교대라는 곳을 가게 되었다. 하지만 나에게는 크게 두 가지 꿈이 있었는데 그것은 의사에 관한 것이었고, 또 하나는 작가에 관한 것이었다. 의사의 꿈은 어린 시절부터의 꿈이었고 작가의 꿈은 20살 때 새로 설정한 꿈이었다. 한편 나는 교대에 다니고 있었기에 선생님의 길도 가야만 했다. 지금 생각하나 그때로 돌아가서 생각하나 생각보다 복잡했다. 물론 나는 나의 길을 위해서 열심히 질주한 것은 아니었다. 쓸데없이 여러 책을 읽거나 하면서 방황한 적도 많았다. 하지만 결국 나는 교사도 되었고 작가의 꿈도 이루었다.

나폴레옹 역시 법전에 관심이 많았다. 하지만 그는 장교였기에 장군의 꿈을 포기할 수는 없었다. 할 수 없이 그는 황제가 되어 나폴레옹 법전을 제작함으로써 자신의 욕구를 채운 것으로 보인다.

이처럼 사람들은 잘못된 길을 갈수도 있고 방황할 수도 있다. 하지만 그 상황 속에서도 최선을 다해야 하며, 그렇게 노력한다면 결국 자신의 꿈을 직접적으로나 간접적으로나 실현할 수 있다. 이는 법륜 스님이 말한 바 있다. 자신의 직업에서 자신의 적성을 실현할 방법을 찾아보라는 이야기이다. 법륜 스님은 과학자가 꿈이었으나 어쩌다보니 스님의 길을 걷게 되었다. 할 수 없이 중을 하면서 과학적인 기법을 도입해서 포교하는 방식으로 자신의 욕구를 풀었다고 한다.

결국 자신의 꼭 원하는 길을 가지 못했더라도 방법을 찾아 간접적으로나마 실현하라는 이야기이다. 우리는 모두 완벽하지 않다. 그것은 우리의 부모나 선생님도 마찬가지이다. 잘못된 진로를 갔다고 청춘을 허비해버리는 경우도 많다. 그러지 말자는 것이다.

이는 나의 경우도 마찬가지이다. 나는 의사는 아니지만 아이들의 건강에 관심을 가지면서 의사와는 다른 방식으로 아이들의 건강을 관리할 수 있겠다는 생각이 들었다. 그것은 분명 의사의 역할과는 다른 것이지만 일종의 차선책이 될 수도 있었던 것이다.

군인 생활

나는 군인 생활을 잘 모른다. 사회복무요원을 했기에 훈련만 받고 구청에 배치되었다. 물론 그 일은 사무실 안에서 잡일을 하는 것은 아니었다. 밖에서 일했지만 군인들보다는 훨씬 쉬운 일일 수도 있었을 것이다. 하지만 군인은 군인이었다. 나폴레옹의 군인 생활 역시 고달팠을 것이다. 요즘 군대가 많이 좋아졌다고 하지만 군대는 군대이다. 나폴레옹 시대는 지금보다 한참 과거이니 오죽했을 것인가. 사병은 물론 장교도 그렇게 좋은 환경에서 근무한 것은 아니었을 것이다. 지금은 전쟁이 거의 일어나지 않지만 그때는 전쟁이 이곳저곳에서 종종 일어나고 있었고 생사를 건 싸움을 했어야 했다. 아무튼 짧게 말하자면 나폴레옹 시대가 훨씬 힘들었을 것이라는 이야기이다.

나는 군대가 없어져야 한다고 생각하는 사람은 아니다. 군대가 없어지면 평화가 온다고 주장하는 사람도 있다. 그것은 약간 순진해보인다. 전쟁을 준비하는 것이 전쟁을 막는 것이라는 말이 있다. 그 말은 진실인 것 같다. 만약 우리가 임진왜란이 일어나기 전에 준비를 했다면 일본이 감히 쳐들어오지 못했을 것이고, 쳐들어왔더라도 섬멸했을 것이다. 그런 점에서 역사를 살피면 아쉬운 점이 많다.

나폴레옹과 리더십

리더십에 있어서 중요한 것은 무엇일까. 리더십 관련 서적을 읽은 경험에서 추출해보자면 리더는 타인을 잘 활용하는 사람이다. 포드 역시 사람들을 잘 활용했다고 한다. 그는 모든 것을 알지 못했지만 비서를 활용해 해결했다고 한다. 이처럼 지도자는 스스로도 잘 알고 있어야겠지만 모든 것을 알 필요는 없다. 머리는 빌릴 수 있다는 말이 있다. 더 똑똑한 사람들을 활용한다면 꼭 머리가 좋아야 하는 것도 아닌 셈이다. 나폴레옹 역시 아랫사람들을 활용하는 데 능했던 것으로 보인다. 그는 본인 역시 열심히 공부하는 스타일이었으므로 아랫사람에게 믿음을 주었던 것이다.

우유부단한 나폴레옹

우리 주위에도 나폴레옹과 같은 사람은 많이 있다. 하지만 먼가 하나씩 모자란 사람들이다. 그중에 하나는 우유부단함을 들 수 있다. 나폴레옹과 비슷하나 우유부단한 것이다. 이런 사람들에게는 데카르트의 『방법 서설』을 읽어보기를 권한다. 그 책을 읽고 나면 우유부단하지 않고 어떤 한 가지를 선택에서 나아갈 수 있는 힘을 느낄 수 있을 것이다. 나는 데카르트와 친구가 되기로 마음먹고 노트 앞 페이지에 데카르트와 나는 친구다라고 적었다. 그리고 데카르트의 책을 열심히 읽었다. 데카르트에게는 배울 점이 많았다. 그는 근대 철학의 아버지이기도 했고, "나는 생각한다 고로 존재한다."는 말로도 유명하기도 하다. 그 외에도 그는 자신의 태어난 곳의 종교를 믿으라와 같은 현실적인 조언을 해주기도 하였다.

나폴레옹과 유비

나폴레옹의 이야기를 읽으면서 동양의 리더와 비교해 보고 싶은 마음이 들었다. 그래서 생각해 낸 인물이 유비이다. 나폴레옹이 서양의 영웅이라면 유비는 동양의 영웅이라고 볼 수도 있다. 그렇다면 그 둘의 차이점은 무엇인가. 나폴레옹이 '명령은 내가 한다'면서 자신의 의견을 관철시키는 돌파형 리더였다면, 유비는 커뮤니티를 중시했던 리더로 보인다. 유비는 여러 장수들과 유대관계를 맺고, 군사인 제갈공명을 영입하여, 그 뜻을 펼친다. 결국 삼분의 일에 해당하는 영토를 지닌 왕의 자리에 오르게 되었다.

이는 동양과 서양의 차이로 보인다. 서양은 개인적인 반면에 동양은 관계 지향적인 것이다.

나폴레옹이 자기 계발에 온힘을 쏟았다면 유비는 관계에 온힘을 쏟은 셈이다. 결국 유비는 장수들의 신임을 얻어 절대 충성 부대를 만들어 냈다.

한편 또 다른 영웅으로 불리우는 조조는 그 간악한 성품 때문에 나폴레옹과는 길을 달리하였다. 하지만 지모의 면에서는 나폴레옹 못지않은 머리를 지녀 나폴레옹과 길을 같이 한다고도 볼수 있다.

우리는 동양의 리더십과 서양의 리더십을 두루 살펴보고 어떤 리더십이 좋을지 연구해야 한다. 리더가 바로 서야 그어떠한 조직이든 바로 설 수 있기 때문이다.

동양과 서양의 리더십의 장점을 조화시킬 수 있다면, 건강한 조직이 탄생할 것으로 믿는다.

나폴레옹의 독서

앞서 나폴레옹의 독서에 대한 이야기는 많이 언급하였다. 그의 성공에는 독서가 자리 잡고 있었음에 분명하다. 사실 독서의 방법에 언급하자면 딱히 독서의 방법은 정해진 것은 없다. 그냥 책을 잡고 처음부터 끝까지 읽으면 된다. 이것이 일반인이 생각하는 가장 기본적인 독서이고, 작가나 독서 고수라고 해도 그 방법을 부정하지는 못할 것이다. 이외에도 추려 보기, 요약하며 보기, 초서하기, 묵독하기, 소리 내어 읽기, 필사하기 등등이 있으나 그것은 자신에게 맞는 방법을 추려 선택하면 될 것이다. 사실 독서라는 것은 별로 어려운 것은 아니다. 접근에 익숙해지는 쉬운 방법부터 시작하면 큰 어려움 없이 독서를 즐길 수 있다. 그런 점에서 독서는 가장 쉬운 학습 방법이며, 유희이기도 하다. 나폴레옹의 독서 역시 학습과 유희를 왔다 갔다 하면서 즐겼음에 분명하다. 그렇지 않으면 그렇게 많은 책을 읽지는 못했을 것이라. 독서의 효능에 대해서는 앞서 말한 바 있다. 나폴레옹은 7,000~8,000권 가량의 책을 읽은 것으로 추정된다. 약 2,000~3,000권쯤을 읽었을 때 그는 완전히 바뀌었을 것으로 예상된다. 그 정도의 양이 쌓이면 사람은 변하지 않으려야 변하지 않을 수가 없다. 그것은 쌓인 지식 때문이기도 하고 책에서 받은 정신 때문이기도 하다. 모든 책은 독자를 위한 저자의 진솔한 이야기이다. 모두 다 독자의 발전을 원하지 짓궂게 독자의 파멸을 원하고 쓴 글은 없을 것이다. 그런 점에서 소설이든, 희곡이든, 시이든, 자기계발서이든 간에 어떤 책이든 독자에게 유익하다. 비록 나쁜 책이라고 할지라도 독자는 작가의 경험을 통해 배울 수 있는 것이다.

나폴레옹의 뛰어난 점은 독서와 공부를 병행했다는 점에 있다. 그것은 학창 시절부터 오직 목표를 향해 달렸다는 것을 의미하기 때문이다. 그는 책을 단지 머리로만 받아들이는 사람은 아니었다. 책을 읽고 정신적 고양을 느꼈고 감동했다. 그렇게 책을 읽고 마음이 울리자 자연스럽게 나폴레옹의 행동 또한 변하게 된 것이다. 그는 특히 루소의 저작을 읽고 반했는데 루소를 찬미하기도 하였다.

그런 점에서 나폴레옹은 하늘에서 떨어진 불세출의 영웅이 아니라 많은 책들의 저자에게서 배운 길러진 영웅이라는 점이 명확히 드러난다. 책을 읽으면 단지 읽는 것은 아니다. 어떤 책들은 읽어보면 저자에게서 직접 과외를 받는 듯한 느낌을 받을 때도 많다. 그는 특급 영웅들에게서 과외를 받은 셈인 것이다.

하나님은 사실 나폴레옹편이 아니었다

생각해보자 하나님이 나폴레옹 편이었을까. 나는 단연코 아니라고 본다. 그것은 그의 출생부터 누구나 인정할 것이다. 그보다는 프랑스의 귀족집 자제를 훨씬 하나님이 사랑했다. 그 출발부터가 나폴레옹은 하나님의 버림을 받았던 것이다. 하지만 나폴레옹은 신의 운명을 과감히 거부했다. 한마디로 자신에게 붙여진 꼬리표를 찢어버린 것이다. 아마 정주영 씨는 그것 때문에 나폴레옹에 빠졌을지도 모른다. 그는 자신의 운명을 자신이 창조하기로 마음먹었던 것이다.

그는 하나님을 믿지는 않았다. 그 모진 운명을 스스로 극복하기로 마음먹었던 것 같다. 그래서 그는 늘 혼자였다. 그런데 어느 시점에서 그는 하늘의 뜻을 받아들이기로 마음먹는다. 그때부터 갑자기 상황은 풀리기 시작했다. 하느님이 그의 뜻을 인정해준 후부터였다. 하늘의 뜻을 안다는 것은 무엇일까. 그것은 꼭 절대자의 마음에 맞춘 것은 아닐 것이다. 무엇보다도 평민들과 백성들의 마음을 사로잡았다는 것이다. 그래서 결국 나폴레옹은 황제의 자리에 오른다. 그가 그 황제의 자리에서 오래 머무르지 못하고 다시 몰락하게 된 것은 하늘의 뜻을 무시하고 자기 고집만 부렸기 때문이다. 그런 점에서 권력에 오른 사람이라면 자신의 뜻만 고집할 것이 아니라 많은 사람들의 마음을 이해하고 그것을 받아들이기 위해 노력해야 할 것이다.

드라마와 나폴레옹

    드라마를 자주 보는 사람이라면 명심하기 바란다. 드라마 속에 빠져서 인생을 그냥 보낼 것인가. 아니면 드라마의 주인공이 될 것인가 하는 것이다. 노력하는 사람은 드라마의 주인공이 되고 집에서 늘어져 티비만 보는 사람은 언제나 드라마를 보면서 꿈만 꾸는 사람이 될 것이다. 나폴레옹은 어떤 사람이었는가 하면 드라마를 보지 않고 자신의 삶에 몰두한 사람이다. 결국 그는 여러 책으로 만들어지고 영화로도 만들어져 드라마 속의 주인공이 되어버렸다. 우리가 바라야 하는 것은 이와 같은 스토리가 아닐까.

날마다 새로워라

    변신하고자 하는 사람은 잘 들어보기를 바란다. 변신하려면 어떻게 해야 하는지에 대해 말이다. 그것은 날마다 새로워야 한다. 하루하루가 새로워야 하는 것이다. 어제의 삶이 오늘의 삶이고 그 삶이 내일의 삶이면 우리의 삶은 변화하지 않을 것이다. 그 와중에 소비를 계속하고 있다면 그나마 받는 월급은 모이지 않을 것이고, 우리는 괴로워할 것이다.

    바꾸라는 것은 절대 악의가 있어서 하는 말이 아니다. 당신의 삶을 괴로움에서 즐거움과 기쁨으로 만들고 싶어서 하는 말이다. 물론 필자가 앤서니 라빈스와 같이 단숨에 그대를 변화시키는 기술 같은 것은 없다.

결국 타인이 바꾸는 것은 일정 부분일 뿐이고 변화를 원한다면 그대 자신이 바꾸어야 한다. 뭐 이와 같은 말을 수천 번도 넘게 들었을 것이라고 생각한다. 그런데 왜 생각을 바꾸지 않을까. 그대가 바꾸지 않고 영원히 자신에 함몰된 삶을 살아갈 때 바꾼 사람들은 사회의 별이 된다. 여기서 그 사람들의 이름을 일일이 들먹이지는 않을 것이다. 그대 역시 방송과 신문을 통해 수천 명도 더 넘게 접했을 것이니 말이다.

결국 하고자 하는 말은 변화라는 것은 자신이 결심해야 한다는 것이다. 변할 마음이 없는 사람은 예수나 부처를 만나도 변하지 않을 것이다. 한 가지 기술을 가르쳐 주자면 변화의 모습을 쾌락과 연결시키라는 것이다. 인간은 오랜 세월 진화해왔으며, 쾌락과 고통의 반응을 따라 행동을 바꾸어왔다. 변화된 모습을 쾌락에 연결시키면 쉽게 변화를 유도할 수 있다. 제일 쉬운 예를 하나 들자면 100점을 맞을 때, 그에 대한 보상으로 칭찬이나 용돈을 주는 것이다. 공부하는 것은 귀찮고 때론 고통스러운 일이지만, 더 큰 쾌락을 주어 두뇌의 쾌락 중추를 건드리면 그것은 통하는 것이다. 두뇌의 쾌락 중추는 강력하다. 그리고 이 쾌락 중추는 어린 시절에 형성된다. 그래서 쉽게 변하지 않는 것이다. 저자의 쾌락 중추는 치킨과 결합되어 있다. 어린 시절부터 혼자서 치킨을 시켜먹은 적이 많았기 때문이다. 저자는 이를 고쳐보려고 했지만 쾌락 중추가 형성되어 있어 쉽게 고칠 수가 없었다.

성인이 되었다면 쾌락 중추를 잘 형성시키기 바란다. 그것은 보상과 벌에 의해 성립되는데 고전 심리학에서 이를 파블로프의 반사라는 실험으로 잘 설명한 바 있다.

나폴레옹의 쾌락 중추는 무엇과 연결되어 있을까. 그는 아마 사람들의 인정에 쾌락 중추가 연결되어 있었을 것이다. 그래서 남들에게 인정받을 때 최고의 쾌락을 느낀 것이다. 그래서 그는 더욱더 노력하였고 사람들의 지지를 받게 된 것이다.

시도를 해라

나폴레옹은 수천 번의 시도를 했다. 물론 그중에는 실패한 것이 수두룩하고 성공한 것은 드물다. 하지만 그는 실패할 것이라는 두려움과 창피, 부끄러움을 딛고 계속 시도했다. 그래서 앞으로 전진하게 된 것이다. 수영을 생각해보자. 그냥 팔을 젓지 않고 발도 움직이지 않는다면 앞으로 나아갈 수 없다. 물론 발차기나 팔 젓기는 힘이 드는 일이다. 하지만 움직이지 않으면 물에 가라앉을 뿐이다.

부자들의 사고방식에 대한 연구도 많이 진전된 편이다. 그중 하나를 알려주자면 부자는 두려움에 굴하지 않고 나아가는 한편, 가난한 사람은 두려움에 함몰되어 움직이지 않는다고 한다. 그래서 그들 간의 차이가 더 벌어지게 된다. 물론 부자는 돈이 많으니 여유 자금이 있고 가난한 자는 돈이 적으니 목숨 같은 돈으로 투자를 하니 애초에 상대가 안 되는 게임이기도 하다.

시험이나 인간관계 모두 두려움을 가지고 하는 것이다. 시험이라면 떨어질 두려움, 인간관계라면 파탄 날 두려움을 이겨내고 그것을 하는 것이다. 두려움을 이겨낸 사람에게는 합격이나 좋은 인간관계가 형성된다.

그런 점에서 나폴레옹에게는 약간의 두려움이 있었다. 그 시점은 아마 그가 소위로 임관 했을 때이다. 나폴레옹은 적은 월급을 받고 있었고, 사교계를 나가거나 하지 않았다. 아마도 두려움이 있었을 것이다. 자신이 받아들여지지 않으면 하는 걱정이 그도 인간이기에 있었을 것이라 생각된다. 하지만 나폴레옹은 독서에 몰입하고 나서, 자신감을 얻어, 사람들의 신임을 얻게 된다. 그 극적인 반전은 나폴레옹의 내면에서 일어났다.

사람의 마음이란 그 크기나 한계를 알 수 없는 우주와도 같다. 그래서 인간을 소우주라고 말하는 사람도 많다. 그중 마음은 아직도 과학적으로 정복되지 않는 미지의 공간과도 같다. 그 마음의 비밀을 알아내려고 많은 사람들이 연구를 하였지만 온전히 이루어지지는 않았다.

저자는 해탈과 같은 것이 마음의 작용이라고 생각하고 과학적으로 연구를 해보고 싶은 마음도 있으나 사정이 여의치 않아서, 연구 결과를 기다리고 있는 중이다.

그는 아마 처음에는 열패감에 사로잡혔을 것이다. 사람들과의 왕래도 적고, 집 안에만 있었기 때문이었다. 하지만 군대 생활을 하면서 자신의 능력과 재능을 깨달은 나폴레옹은 그때부터 승자의 사고방식을 갖기 시작했다. 그가 완전히 승자의 사고방식을 갖고 모든 전쟁에서 승리하는 기적이 일어났다. 이것은 스포츠 심리학에도 이용되는 것이기도 하다. 어떻게 하면 최고의 정신과 마인드를 유지할 수 있느냐가 스포츠에도 중요한 것이다. 심리학은 그래서 스포츠에도 연관성이 높다. 이런 마인드 컨트롤을 잘하는 선수로 나는 박세리 선수와, 이신바예바를 꼽는다. 박세리 선수는 위기에도 침착하게 자신의 할 일을 하면서 결국 역전 우승을 일궈낸 바 있다. 이신바예바 역시 경기 전 차분하게 마음을 잡고 여러 신기록을 세운 바 있다. 이는 양궁이나 축구, 또는 그 어떤 스포츠에도 적용된다고 보인다.

정신의 단계를 높여라

나폴레옹은 군사 활동으로 몸도 튼튼했겠지만 탁월한 것은 그의 정신이다. 그는 일반인들보다 한 단계 높은 정신 상태를 지녔다. 우리가 흔히 말하는 고수, 또는 도인과 같았다는 이야기이다. 그는 세속적인 활동을 하긴 했지만 그것을 초월했다.

나폴레옹은 그중에서도 가난과 육체적 조건을 뛰어넘어 영웅이 된 사나이라고 부를 만하다. 물론 정신이 다른 사람보다 한 단계 높으려면 내공을 쌓는 기간이 필요하다. 그것은 무협지 같은 것을 읽어보면 쉽게 이해되는데, 훈련이나 연습을 통해 내공을 쌓는 것이다. 내공을 쌓으면 무림의 고수가 되듯이 세상을 내려다보는 경지에 이를 수도 있을 것이다. 그것은 딱히 우리 실생활과 먼 곳에 있는 것은 아니다. 한 가지 일을 10년, 20년 한 사람은 자연스럽게 그 내공이 쌓이기도 한다.

나폴레옹은 초기에는 다른 병사들과 같이 군대의 훈련에 고생했지만,

20대 후반을 기점으로 바뀌었다. 그도 내공을 쌓는 데 약 10여 년의 시간이 걸린 셈이다.

세상에 마법은 없고 우연도 없다. 될 만하니까 되고 안 될 만하니까 안 된다. 필자는 꿈을 심어 주는 마법의 주문을 만들고 싶으나 아직 그럴 능력은 없다. 자신을 믿고 한발 나아가기를 바란다. 사실 성공의 법칙은 너무 단순한 것이다. 다만 실천을 하지 않을 뿐이다.

나폴레옹은 괴로웠다

나폴레옹은 어려서는 왕따였고 성장기에도 홀로 지냈다. 괴로웠을 것이다. 그것은 왕따를 당한 사람은 잘 알 것이고 그 반대의 사람도 짐작할 수 있는 것이다. 서정주는 자신을 키운 것은 팔 할이 바람이라고 했다. 어렸을 때의 그 괴로움은 나폴레옹의 성장에 오히려 도움을 주었다. 그 시련을 이겨내면서 정신적으로 한 단계 성장하게 된 것이다. 왕따를 이겨내고 정신적으로 성장해 사회적으로 성공하는 사람들도 많다. 오바마, 김성주, 오하라 미쓰요, 닉 부이치치와 같은 사람들을 말한다. 그들은 소외되었으나 그것을 극복하면서 세상 속에서 주목을 받게 되었다. 그런 점에서 한때의 따돌림은 극복만 한다면 득이 된다는 것이다. 이런 따돌림은 어릴 때부터 일어난다. 필자는 처음 발령받고 2학년을 맡게 되었는데 따돌림과 괴롭힘이 있다는 사실에 조금 놀라기도 했다. 아직 어린 나이였기 때문이었다. 하지만 따돌리는 아이들의 마음은 불량한 중고

생들과 다름이 없었다. 필자는 화가 많이 났지만, 약간 훈계하는 것으로 마무리 지었다.

어린 시절의 고통은 나중에 득이 되는 경우도 많다. 한때의 괴롭힘이나 따돌림으로 삶을 포기하거나 체념하는 일이 있어서는 안 될 것이다.

돈이면 다 되는 것 아니다

옛날부터 돈은 중시되었다. 그것은 시대가 갈수록 더 심해져, 물질 만능주의 돈이면 다 된다는 식의 사고방식을 갖는 사람도 많다. 하지만 나는 나폴레옹의 이야기를 읽으며 돈이면 다 된다는 것은 아니라는 생각에 확신을 갖게 되었다. 그가 뛰어난 장군이 되고, 황제에 오른 것은 그가 돈을 많이 벌었기 때문은 아니다. 현대에도 돈을 많이 번다고 왕이 되는 것은 아니다. 돈으로 치자면 빌게이츠가 미국 대통령이 되어야 되는 것이 아닌가. 우리나라라면 이건희가 대통령이 되어야 하는 것이 아닌가. 물론 그들은 기업의 조직을 이끌어 왕과 같은 대접을 받는 것은 사실이다. 하지만 내가 말하고자 하는 핵심은 돈이 전부는 아니라는 것이다. 극단적 배금주의는 인간성을 말살하고, 인간 소외를 불러일으키는 원인이된다. 과거 백성들은 농사를 함께 지으면서 서로 협력했기에 가난 속에서도 인간적인 따뜻함을 느낄 수 있었다. 하지만 현대는 개인주의와 소비주의가 한꺼번에 일어나면서 인간 소외가 나왔고 그것은 퇴폐주의와 허무주의를 불러와 인간성을 말살한다. 그것은 극단적 자본주의가 불러온 모순이기도 하다.

그냥 터놓고 말해보자. 돈이면 다 된다는 식으로 돈을 쓰는 사람 보면 어떤 생각이 드는가. 재수 없지 않은가. 인간은 돈을 좋아하면서도 그것이 전부는 아니라는 것을 알고 있다. 나폴레옹도 그 사실을 잘 알고 있었을 것이다.

나폴레옹과 셰익스피어

저자는 어릴 때 위인전을 많이 읽지는 않았다. 대신에 문학을 자주 읽었던 것 같다. 1학년 때는 톨스토이 동화 같은 것을 읽었다. 여러 상상이 되어 참 재미있게 읽었던 것 같다. 3학년 때쯤에는 『죄와벌』과 『대지』를 읽었다. 『죄와벌』을 읽었을 때 살인하는 장면에서 충격을 받았던 것이 기억이 생생하다. 6학년 때는 셰익스피어의 4대 비극을 읽었는데 재미있어서 계속 반복해서 봤던 것이 기억난다. 위인전을 읽었더라면 그 인물에 반해 그 인물을 추종하려고 했을지도 모른다. 하지만 문학 속의 여러 인간들의 운명과 좌절을 보면서 삶에 대한 생각이 싹텄던 것 같다.

나폴레옹과 셰익스피어는 참 상반되는 인물이다. 한 인물은 황제의 자리에 올랐으며 셰익스피어는 인간 군상의 모습을 그려낸 작가이다. 필자는 은연중에 나폴레옹보다는 작가의 길을 가려는 마음이 생겼던 것으로 보인다. 어떤 점에서 셰익스피어는 나폴레옹보다 훌륭하고 어떤 점에서는 나폴레옹이 셰익스피어보다 훌륭하다.

인간이 어떤 길을 가든지 직업에 따라 그 사람의 우열을 가리는 것은 잘못되었다고 생각한다. 흔히 환경미화원이라고 생각하면 별 볼일 없는 직책이라고 생각하기는 쉽지만 필자는 2년 정도 공원 청소를 하면서 그 생각을 바꾸게 되었다.

물론 의사나 변호사 같은 직업은 플라톤 시대부터 돈을 잘 버는 직업으로 인식되었다. 그 영향이 아직도 남아있는 것이다. 하지만 연봉으로 직업의 순위를 따지고 우열을 정하고 사회적 지위를 나누는 것은 근대적인 것으로 보인다. 지금의 시대는 그런 것이 아니라고 생각한다.

사회의 잘못된 생각은 어른들의 고정 관념으로 바뀌고 그런 어른들은 아이들의 사고방식에 영향을 주고 그래서 잘못된 인식은 고쳐지지 않고 계속 대물림되는 것이다. 어른들부터 생각을 바꿔야 된다. 그것은 또한 잘못된 교사의 몫이기도 하다.

나폴레옹과 환멸

나는 돈에만 몰두하고 있는 이 사회가 환멸스럽다. 그것이 내 삶이 된다면 나는 견디지 못할 것 같다. 그렇다고 내가 돈 없이 살 수 있는 사람이란 것은 아니다. 하지만 내가 하고자 하는 말은 중심을 잡자는 것이다. 나폴레옹 역시 불합리하고 모순된 귀족층에 환멸을 느꼈던 것 같다. 삶은 그래서 때론 환멸스럽다. 나는 한때 환멸스럽다는 감정이 계속 들어 환멸이라는 단어를 찾아보았다. 그 뜻은 정확히 다음과 같다. 꿈이나 기대나 환상이 깨어짐. 또는 그때 느끼는 괴롭고도 속절없는 마음. 애초에 내가 너무 이상적일 수도 있다. 하지만 나는 토마스 모어의 유토피아나, 걸리버 여행기의 휴이넘의 나라를 그려보는 것이다. 그 당시의 사람들도 아마 자기가 사는 사회에 환멸을 느꼈던 것 같다. 그래서 자신들이 원하는 이상을 그려보았던 것이다. 우리나라역시 마찬가지였다. 그 당시에도 권력층과 귀족층, 평민들의 사회에는 괴리가 있었고 환멸을 느꼈을 것이다. 그래서 「홍길동전」의 율도국은 그래서 나오는 것이다.

사람들은 언제나 이상 사회를 꿈꾸지만 현실은 그렇지 못하다. 가장 환멸을 심하게 느꼈던 사람은 아마 필자가 생각하기에는 법정 스님이 아닐까 싶다. 그래서 사람을 피해서 자꾸만 혼자서 사는 곳을 향했던 것이다.

나폴레옹 역시 환멸을 느껴 혼자서 살아가기로 마음먹었을 수도 있었을 것이다. 하지만 그는 혁명을 일으키기로 했다. 그것은 무엇인가. 세상과 부딪혀 자기가 원하는 사회를 만들겠다는 의지였다. 결국 그는 황제가 되었고 그를 말과 지시에 따라 세상이 움직이기 시작했다.

결국 판단이 실패해 또다시 외톨이가 되는 신세가 되긴 했지만 나폴레옹의 의지는 아직 역사 속 그리고 현대에도 종종 남아있다.

역사에 영원히 남는 법

필자는 역사를 좋아하는 편이다. 우리나라 역사나, 중국의 역사, 그리고 세계의 역사에 대해 대략적인 부분은 알고 있다. 사기나, 조선왕조실록 같은 책을 재미있게 보았던 기억이 난다. 그 책을 읽으면서 역사에 남는 방법에 대해 생각해보았다. 우리의 일생은 순간이고, 기록되지 않는다면 그냥 사라지고 만다. 유전자는 삼대만 지나도 흩어져서 자신의 유전자는 남지 않는다고 한다. 결국 남는 것은 역사적 기록일 뿐이다. 유시민 씨는 그 역사적 기록마저 지구의 역사가 끝나거나 인류가 멸망할 때 사라지므로 의미가 없다고 하지만, 필자에게는 그나마 의미가 있어 보이는 것이 역사적 기록이다. 그래서 어떤 대통령들은 '역사가 증명할 것이다'라고 말하기도 했다.

보통 일반인이 역사에 남기란 쉽지 않은 일이다. 보통 왕이나 그에 버금가는 인물들만이 역사적으로 전해질 뿐이다. 그렇다고 나는 일반 국민들이 의미가 없다고 보지는 않는다. 그들은 시대의 한 증인으로 역사에 기록될 것이기 때문이다. 결국 개인은 죽어도 한 시대를 살아간 한 시민으로 역사는 기록할 것이다. 그렇게 생각하자 나는 마음이 상당히 편안해졌다.

굳이 역사에 주목받아 기록되고 싶은 사람도 있을 것이다. 그런 사람들에게는 하나의 이상에 목숨을 걸라고 하고 싶다. 어떤 이상이나 뜻에 목숨을 건 사람들은 역사가 기록한다. 물론 현실적으로 돈이 엄청나다거나 세계 최고의 미인이라거나 하면 역시 역사는 기록한다.

나폴레옹은 한 이상을 향해 전진했던 사람이다. 그는 어릴 때는 코르시카의 독립을 위해서 커서는 이상적인 프랑스를 위해 한 생애를 바쳤던 인물이다. 물론 개인적인 영광과 욕망들도 그의 삶을 지배했을 것이다.

힐러리 vs 나폴레옹

나폴레옹과 여러 영웅들을 비교한 글은 앞서 살펴본 바 있다. 그렇다면 여성 중에 나폴레옹과 비슷한 사람은 없을까. 여성 리더를 꿈꾸는 사람들에게 적절한 사람은 없을까 생각하니 떠오르는 사람이 힐러리였다. 힐러리의 삶에 대한 책들은 이미 여러 책들이 나온 바 있다. 그래서 여기서는 힐러리 역시 역경을 딛고 세계에서 가장 강한 여자로 발돋움했다는 이야기를 전하고 싶다. 그것은 식상하기는 하지만 거의 모든 리더들이 거쳐가는 하나의 과정이기도 하다.

힐러리는 나폴레옹처럼 총과 대포를 쏜 것은 아니었다. 하지만 펜은 칼보다 강하다는 말이 있듯이 언어능력을 발달시켜서 토론과 연설에 능했다고 한다. 결국 힐러리는 말로써 세계적인 리더로 발돋움한 것이다.

나폴레옹과 권력

남녀 마찬가지겠지만 남자들은 특히 권력을 중요시한다. 그것은 진화론적으로 우두머리 수컷이 되려는 동물적 본능에서 온 것으로 보인다. 우두머리는 모든 암컷을 차지하고 자기의 영토에서 마음껏 행동한다. 이런 동물적 본능은 현대에서도 이어지고 있는 셈이다. 그래서 직장에서 출세와 권력에 목숨을 거는 남자들도 꽤 있는 것으로 안다. 권력은 오히려 돈보다도 더 유혹적이라고 한다. 내 마음대로 할 수 있다는 것 그 매력에 빠져서 나오지 못하는 것이다.

　나폴레옹 역시 순수한 의도로 황제의 자리에 올랐을 수도 있지만 권력의 매력을 느꼈을 것임에 분명하다. 그리고 세계 정복의 꿈을 꾸었지만 실패하고 만다. 나폴레옹은 권력을 향해 달려간 것이다.

　아, 권력이 뭐기에 사람들은 그것을 잡으려고 목숨을 거는 것일까.

　그것은 자신의 목숨을 걸고서라도 잡고 싶을 만큼 매력적인 것이기도 하다. 황제가 된다는 것 그것은 남자의 로망이기도 하다. 필자의 중학교 담임선생님의 별명은 카이저였다. 황제가 되고픈 선생님이었다. 현실은 교사였지만 남자들의 마음속에는 한구석들 다 왕이 되고 싶은 마음이 있다. 그것이 현실로 실현되면 얼마나 좋을 것인가. 하지만 그렇지 못하고 가정에서나, 직장의 중간층에서나, 아니면 술집에서나 가끔 해소될 뿐이니 현실은 참 답답하기도 하다.

나폴레옹 연표

연도 / 연령 / 나폴레옹의 성장

연도	나폴레옹의 성장
1769	8월 15일, 지중해의 코르시카 섬에서 태어남
1779	아버지 샤를 보나파르트를 따라 프랑스로 건너감
1780	브리엔 유년 학교에 입학함
1784	유년 학교를 졸업. 파리의 사관학교에 입학함
1785	아버지가 죽음. 사관학교를 졸업. 포병 소위가 되어 바랑스에 감
1788	오손느 포병 연대에 들어감
1789	어머니를 돕기 위해 코르시카로 돌아옴
1791	다리 코르시카에 돌아가 파오리와 싸움
1793	가족과 함께 코르시카에서 추방됨, 프랑스에서 삶
1794	포병 소장이 됨. 로베스피오르가 실각됨과 함께 붙잡혀 투옥됨
1795	의혹이 풀려서 출옥. 군대로 되돌아감, 프랑스 사령관이 됨
1796	조제핀과 결혼. 이탈리아 원정군 사령관이 됨
1798	이집트 원정군 사령관이 되어 이집트로 감
1799	파리에 돌아와, 제1통령이 되어 정권을 장악함
1800	알프스를 넘어 이탈리아 공격

1802	8월, 종신 대통령이 됨
1804	나폴레옹 법전이 완성됨
	5월, 국민 투표에 의해서 황제가 됨
1805	트라팔가르 해전. 대륙 봉쇄령 선포
1809	오스트리아군의 전투 승리 조제핀과 이혼
1810	4월, 오스트리아의 왕녀 마리 루이와 결혼
1811	3월, 나폴레옹 2세 탄생
1812	5월, 러시아 원정, 10월 퇴각함
1814	유럽 연합의 공격
	3월, 파리를 내줌
	4월, 나폴레옹, 황제의 자리에서 물러남
	5월, 적군에 붙잡혀 엘바섬으로 귀양
1815	3월, 엘바섬 탈출
	파리로 돌아와 다시 황제가 됨
	워털루 싸움에서 연합군에게 패함
	10월, 다시 붙잡혀 백일천하가 끝나고 남대서양
	세인트헬레나섬으로 유배
1821	5월 5일, 세인트헬레나섬에서 사망함

에필로그

◇

　　　　트럼프는 대통령이 된지 3년이나 지났고 이제 임기 마지막 해를 앞두고 있다. 여론 조사에 의하면 재선의 가능성이 높다고 한다. 하지만 트럼프가 대통령이 된 지 한참이나 지났지만 국내에는 트럼프 관련해 트럼프를 알려주는 책이 마땅히 없는 것으로 알고 있다. 하지만 이는 미국도 마찬가지였다. 하지만 이제는 트럼프를 분석한 여러 책들이 나왔고 이와 더불어 과거의 그의 자서전을 참고해 트럼프에 관한 책을 출간하기로 했다. 부디 이 작은 시도가 트럼프에 대해 알아보고 그의 승리에서 배워보는 작은 시간이 되었으면 한다.

　나폴레옹에 관한 책은 이전에 내가 쓴 바 있다. 이번 책은 나폴레옹을 새로운 관점에서 바라보는 시선이다. 그 과정에 내 상상력이 많이 들어갔음을 말하고 싶다.

나의 직업은 교사이다. 정치와는 멀 거라고 생각하지만 그렇지도 않다. 아리스토텔레스는 인생은 정치라고 말했기 때문이다. 교사 생활로 힘든 적도 많았지만 글을 쓸 수 있어서 행복했다. 이 책 역시 내가 행복하지 않았더라면 나오지 않았을 것이다. 아이를 출산함에 있어 기쁨이 더해가 듯이 나 역시 책이 완성되어 감에 기쁨을 느꼈다. 이 기쁜 마음을 같이 나누고자 한다.

이 글은 사명감에서 쓴 것은 아니다. 사실 이 책을 쓰면서 너무 재미있 었다. 나는 쾌락을 쫓았다. 지금은 글쓰는 게 너무 재미있기 때문에 이 작업을 멈출 수 없을 것 같다. 당신 역시 이 책을 읽으며 나와 즐거움을 함께하길 바란다.

| 참고문헌 |

『나폴레옹』. 서정복.

『나폴레옹』. 막스 갈로.

『불구가 된 미국』

『트럼프 전략의 신』

『도널드 트럼프의 빅뱅』

『트럼프 대통령에 대비하라』

『트럼프의 진실』

『르포 트럼프 왕국』

『트럼프는 어떻게 트럼프가 되었는가』

『트럼프의 부자되는 법』

『트럼프, 포기란 없다』

『거래의 기술』

『트럼프 성공을 품다』

『포퓰리스트 대통령 트럼프』

『트럼프, 억만장자 마인드』

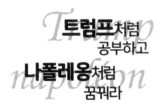

토럼프처럼
공부하고
나폴레옹처럼
꿈꿔라

펴 낸 날   2020년 6월 10일

지 은 이   조희전
펴 낸 이   이기성
편집팀장   이윤숙
기획편집   정은지, 윤가영
표지디자인   정은지
책임마케팅   강보현, 류상만
펴 낸 곳   도서출판 생각나눔
출판등록   제 2018-000288호
주   소   서울 잔다리로7안길 22, 태성빌딩 3층
전   화   02-325-5100
팩   스   02-325-5101
홈페이지   www.생각나눔.kr
이 메 일   bookmain@think-book.com

• 책값은 표지 뒷면에 표기되어 있습니다.
  ISBN 979-11-7048-098-3 (03190)
• 이 도서의 국립중앙도서관 출판 시 도서목록(CIP)은 서지정보유통지원시스템 홈페이지
  (http://seoji.nl.go.kr)와 국가자료공동목록시스템(http://www.nl.go.kr/kolisnet)에서
  이용하실 수 있습니다(CIP제어번호: CIP2020021695).